U0495172

流量池

杨飞 著

中信出版集团 · 北京

图书在版编目（CIP）数据

流量池 / 杨飞著 . -- 北京：中信出版社，2018.5（2025.6重印）
ISBN 978-7-5086-8676-9

I. ①流… II. ①杨… III. ①网络公司—企业管理
IV. ① F490.6

中国版本图书馆 CIP 数据核字（2018）第 034609 号

流量池

著　　者：杨　飞
出版发行：中信出版集团股份有限公司
（北京市朝阳区东三环北路 27 号嘉铭中心　邮编　100020）
承 印 者：北京盛通印刷股份有限公司

开　　本：880mm × 1230mm　1/32　　印　　张：12　　字　　数：181 千字
版　　次：2018 年 5 月第 1 版　　印　　次：2025 年 6 月第 28 次印刷
书　　号：ISBN 978-7-5086-8676-9
定　　价：78.00 元

服务热线：400–600–8099
投稿邮箱：author@citicpub.com

目　录
Contents

自 序
Preface

从2015年开始，中国移动互联网的流量红利就逐渐消失，营销人或创业者会感同身受下面几个变化。

1. 头部的移动互联网巨头已经形成，进而形成对剩余流量的进一步控制和吞噬。如果说在流量红利时代，流量就是消费用户，那么当下争夺的流量其实是用户的有限时间。

今天，以微信、今日头条、王者荣耀为代表的众多App（应用程序），实际已经抢夺了用户的绝大部分时间，留给其他App的机会并不多，可能只能在垂直人群（比如青少年、女性）或应用场景（比如出行、外卖）里寻找发展机会。

2. 各个流量源的巨头垄断，导致流量费用高企，随之而来的是获客成本的持续攀高。这已是创业品牌和互联网营销的第一痛点。

线上流量的减少和价格疯涨，使很多企业转而再次开始寻找传统流量的突破。无论是线下门店（包括新零售）、传统广告（比如分众电梯、广播、院线贴片），还是最古老的“人肉”地推（携程和阿里巴巴的起家动作，今天再次流行），都成为挖掘流量的手段。

所以，营销的战场，反倒因为线上获客成本的高涨，再次转移到传统媒体整合上。宝洁、可口可乐减少线上广告投放，重新拥抱电视广告，也是最新的趋势。

流量不分线上线下，通过传统甚至古老的方式，仍然可以有获客、成单和口碑分享。这也是我们要思考的问题。

3. 无论采取以上何种方式，企业和品牌对于实际效果的要求越来越高，甚至到了苛刻的程度。在流量变贵之后，保持增长成为经济形势趋冷后的企业主题，也是广大 CMO（首席营销官）面临的最大课题。

2017 年，为什么百雀羚一则高达数千万单文阅读量的广告，会引来网上大量的效果质疑？企业甲方不再满足于品牌的刷屏和简单的“10 万 +”阅读量，而是开始关注如何能够叫好又叫座，如何能够在移动互联网上实现闭环购买，如何能够让分众这样一些传统广告带来快速增长。这些问题，已经是企业家、营销人不断自问和讨论的问题。

4. 技术与营销结合速度加快，出于流量成本的提升和增长的切实需要，基于企业内部数据和用户标签的 MarTech（营销技术）正在挑战外部广告公司的 AdTech（广告技术），广告技术化和甲方去乙方化都成为趋势。

2016 年全球 398 例广告和公关公司并购案中，78% 是由 IBM（国际商用机器公司）、Accenture（埃森哲）和 Salesforce（软件营销部队）等公司完成的，以黑客增长方法为代表的“技术取代营销”的口号也甚嚣尘上。

毕竟，因为移动终端的交互系统和数据收集，所以营销技术已经不是问题。而在有限的、越来越珍贵的流量中，技术必须锱铢必较地对流量进行精细化挖掘与转化，这将是创业者和营销人的一堂必修课。

伴随着这一轮移动互联网的爆发，我创办的移动端数字营销公司“氢互动”，已发展成为国内比较前沿的互联网营销机构。2015 年，由于神州租车的战略投资，我有幸加入神州专车这个新项目，负责其市场工作，2016 年开始负责神州优车集团（下含神州租车、神州专车、神州买买车和神州车闪贷 4 个品牌）市场。

传统企业如何突破流量壁垒，如何借助互联网实现自身转型，如何寻找自己的第一桶流量，如何精打细算地运营好流量，如何让流量带来销量和增长，这些都是我和团队在三年的神州市场工作中，不断发问、不断探索和解决的问题。

同时，作为氢互动合伙人，在大量日常对外合作中，我也深刻感受到不同企业、不同品牌在不同阶段对于各自营销需求的困惑，我们把一些经验、方法也输出在它们的日常实践中，一些案例表现不俗。

我把这些成形的经验与方法论取名为“流量池思维”，这也是本书主题的由来。

需要说明的是，流量池思维和流量思维是两个概念。流量思维指获取流量然后变现流量，这显然已无法解决今天的企业流量困局。流量池思维则是要获取流量并通过存储、运营和发掘等手段，再获得更多的流量。

如果你本身是像BATJ［分别代表百度（B）、阿里巴巴（A）、腾讯（T）和京东（J）］这样的大流量输出者，那么本书的很多经验可能仅做参考。我更希望启发那些流量贫乏、营销无力、亟须转型的传统企业或亟须在移动端有所突破的创业者与营销人。

围绕流量池，本书分为三个思维层次：

第一，如何获取流量。本书分别阐述了品牌、裂变、微信、事件营销、数字广告、直播、BD（Business Development，商务拓展）这7种方法（针对每一种方法都可以写一本书）。

第二，流量如何更有效转化。这是本书重点剖析部分。我会结合实际案例，分析很多流量大但效率低的原因，正反案例都有。在书里我多次强调“品效合一”，也是在强调流量转化要有效——不仅要做品牌，还要有效果转化。

第三，流量的运营和再发掘。如何通过运营手段让流量转化更持续，从存量找增量，我在裂变、微信、数字广告和落地页等章节会重点讲到。实际上，这些方法在运营和营销的界定上有一些模糊，但仍然值得市场工作者研究。

由于各种方法涉及信息面广而庞杂，品牌、裂变、微信、数字广告与落地页等也不属于一个级别范畴，为了便于读者阅读理解，可以参考下页图和书中附带的思维导图。对于专业词汇，文后也做了相应的整理、归纳与解释（见附录“术语表”）。

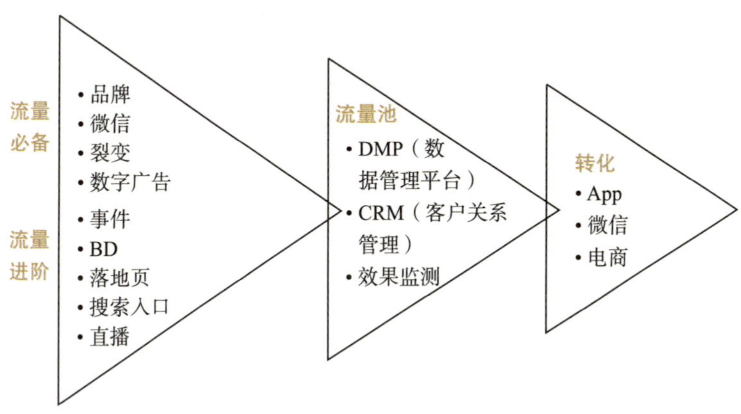

移动营销的流量池思维

最后，祝您展卷有益。也谨以此书送给我已不惑的40岁，以兹纪念。

杨　飞

2018年1月29日

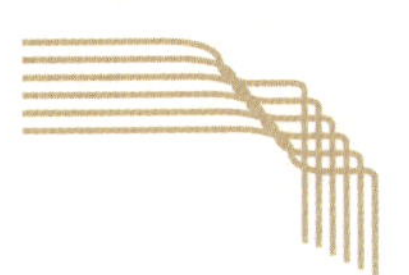

第一章

流量之困

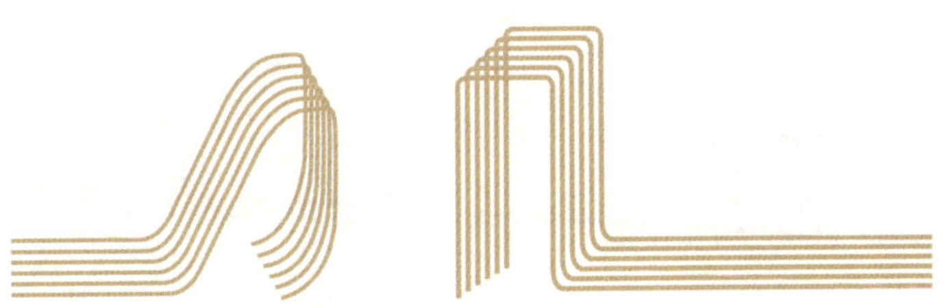

从 2016 年开始，几乎所有行业都在为流量红利的消失感到焦虑不安。

在资本寒冬的冲击下，传统行业最先受到重创，出现大规模的倒闭潮。可是还没等到传统行业的互联网转型完成，流量匮乏的危机就快速蔓延至互联网企业。据不完全统计，汽车、旅游、教育、餐饮、婚嫁、房地产等 16 个领域的上千家互联网企业在 2017 年宣布倒闭。

流量匮乏已经成为初创企业遇到的刻不容缓的关键问题。因为它的出现，会牵连到更多细节工作的进行，比如用户量的饱和大大降低了广告营销的效用，让品牌增长乏力。而那些获客成本原本就高的行业，企业的负担会更重。

这是一个令人无比胆寒的趋势力量，在如此巨大的力量面前，初创企业该如何应对，老牌企业又该如何求变呢?

流量盛宴结束，新品牌还有机会吗？

流量即市场。

20 世纪 90 年代以前，流量就是线下门店，位置好才能人流多，商家的竞争就在于占领商圈、旺铺和好地段。

互联网出现后，尤其是电商出现后，线上流量开始冲击传统线下零售。还记得 2012 年马云和王健林的那个世纪赌约吗？“2020 年，电商零售份额能不能占到总零售份额的半壁江山？”马云甚至豪言：“如果 2020 年王健林赢了，那我们这一代年轻人就输了。”

今天再看这场赌约，趋势已很明显。多年前，天猫在中央电视台打出的第一条广告语“没人上街，不代表没人逛街”正在成为现实。2017 年“双 11”全网总成交额突破 2500 亿元，网络流量已经成为商家获客的主流渠道。

互联网流量，我们一般用 PV（页面浏览量）和 UV（独立访客量）来界定。不同于线下人流，线上流量来源大致可以分为三种：企业自有流量（官网、App、微信、CRM 等）、媒体内容流量（媒体、自媒体）和广告采购流量（各类型广告，如搜索竞价、信息流、视频贴片等）。

和不同阶段的社会发展历程一样，互联网的流量时代也经历了一段从野蛮到疯狂，最后惶惶然结束的过程。

2012 年左右，企业的网上获客成本大约只需要几角钱。当时的百度推广是企业厮杀的强有力武器，企业只要凭借精明和莽性就可以通过搜索轻易收割百万用户。

很快，流量成为一个失控的乐园。少数巨头（主要是新闻、电商、搜索类网站，如新浪、搜狐、淘宝、百度等）几乎垄断了 PC（个人计算机）端 80% 的流量，转化的成本不断提升，有些行业高达几千元甚至上万元。投放的资金被迅速吸食，很多企业只能在巨头制定的流量规则下被迫合作。

与此同时，移动互联网时代正以某种颠覆的姿态而来。

从 2014 年开始，智能手机的普及让互联网用户从 PC 端向移动端迁徙，移动互联网开始重塑社会生活形态，人们对移动应用的依赖性越来越强，流量也从 PC 端开始向移动端导入。

按照马歇尔·麦克卢汉“媒介即人的延伸”的观点来看，移动互联网对于人类来说已不是信息接收那么简单，而更像是人类移动着的“外部大脑”。

在移动端，人们通过客户端获取新闻资讯，通过团购 App 获取生活类团购信息，通过微信等社交工具进行日常沟通交流等，后来又增加了诸如快手、抖音这样的短视频娱乐。而且，线上线下的渠道渐渐打通，人们的衣、食、住、行等方方面面都可以通过移动互联网完成。这意味着移动互联网成为企业连接受众、进行营销的重要通路。在 BAT（百度、阿里、腾讯）之外，TMD（今日头条、美团、滴滴出行）等移动 App 也成了企业在移动端的流量新入口，同时开始逐步取代百度等 PC 端流量霸主地位，成为移动互联网的新主宰。

给大家看一组更直观的数据：

2016 年，今日头条的累计激活用户达 6 亿，1.4 亿为活跃用户，日活跃用户超过 6000 万，头条号日均阅读量超过 18 亿条（人均 30 条），用户平均阅读时长超过 76 分钟。

时长 76 分钟代表着什么？

2016 年第二季度友盟数据显示，新闻资讯类的用户平均使用时长大概是 26.6 分钟，视频播放类的用户平均使用时长是 40 分钟。两个数据加在一起都不如今日头条一款 App 的使用时长多。而且 2016 年的艾瑞报告中显示，今日头条的用户黏性和用户满意度排在首位。

微信的流量就更不用说了。作为一款高频次的以“社交+通信”为需求的软件，微信的日活跃用户已经超过了 9 亿。

前几年我们还在感叹国外生活的便捷，只需拿一张信用卡出门，钱包、现金一律不用带。可是现在，就连街边乞讨者都有一个二维码，让你扫码转账支付。越来越多的年轻人已经开始追求“无纸币生活”。

这些“空气级”的移动应用，都能让大家清楚地看到移动互联网的迅猛发展以及流量增速。即使如此，2016 年以后，移动端流量的盛宴也集中到头部的几大豪门，获客成本再次上演了 PC 时代的一幕，从几元飙升到几百元甚至上千元，优质流量被瓜分殆尽，而更多互联网初创企业仍然面临着“彷徨无措”“挣扎求生”以及流量生存底线的营销困境。

它们还有新的突破机会吗？

成也流量，败也流量

面对流量，初创企业普遍面临三个问题：第一，流量少；第二，流量贵；第三，流量陷阱。

我们来一一分析。

问题一：流量少

进入 2016 年，企业在网上获取的自然流量就像一个带漏洞的水管一样，不停地在流失。表现就是：产品很棒，但是很难有太大声量，即使是做广告投放，成单率也很难提高；企业开通的微信账号、头条号等并没有多少粉丝关注，做不出转化率；即使你想购买优质流量，优质流量也越来越少，竞价也买不到多少。

不只是初创企业的流量在减少，就连自媒体圈、电商、新闻媒体、视频网站、移动应用 App 的流量也开始出现不同程度的下滑。截至 2017 年 7 月，微信公众号的图文打开率已经跌到了 2%。

互联网商业好像一棵繁茂的大树，所有基于互联网生长的商业形态都是树上的果实，流量则是这棵大树的根基。当根基开始萎缩时，一切营养的供给和输出都会受到最直接的影响。于是所有靠流量生存的应用都出现了流失的情况，但是移动互联网的总流量依然在增长，那么分摊到每个终端的流量究竟去哪儿了呢？

出现这种情况的原因有二：

整体增速放缓

自 1994 年中国获准加入互联网开始，互联网用户就一直处于高速增长状态。但从 2010 年开始传统互联网发展增速放缓，幸而技术突破让移动互联网时代到来，又给了大家四五年的缓冲时间。

但不论移动互联网的发展势头有多强劲，用户增长率也逃不过放缓的趋势，因为互联网总用户数已趋向稳定。

2017 年 8 月，中国互联网络信息中心（CNNIC）发布的《第 40 次中国互联网络发展状况统计报告》显示，截至 2017 年 6 月，中国互联网的普及率已经达到 54.3%，其中，手机网民的规模为 7.51 亿，使用手机上网的网民比例达到 96.3%。

该有手机的人都有了，该会用手机上网的也都上了。中国再是人口大国，可发掘的市场份额再大，也会挖掘到头。互联网流量增速势必逐年放缓，个体流量增长将会越发困难。

竞争的个体成倍增长

市场的竞争向来是残酷的。当一部分人在互联网上获利先富起来之后，很快就有更多人跟随先驱的脚步，希望自己也能在大浪中淘到一点儿金。

于是，这个池塘里汇进来的水越来越少，挤进来的鱼却越来越多，生存环境变得越来越差。

其实看看我们自己的手机就不难发现问题的根本。

手机的容量就那么大，安装的应用程序相当有限，常用的也就七八个，可是打开安卓手机应用市场，里面同质化的应用程序千千万万。作为用户，当然是选择一开始就抢占了我们的心智，并且大部分亲人朋友都在用的应用程序，其他的自然而然就被忽略了。微信公众号、视频直播都是同一个道理。

整体流量增速放缓是必然趋势，竞争个体数量增加是大环境下的产物，这些都是我们无法控制的，但我们能够控制其中的变量。

控制变量的手段有哪些，这就是本书要重点研究的问题。

问题二：流量贵

流量的价格越来越高，是创业者不得不面对的共识。

百度在涨价，今日头条在涨价，微信软文也在涨价。如果企业没有自己的流量平台，会发现一点儿都不比当年买传统广告便宜。

流量增速放缓是导致流量贵的一个直接原因。增速放缓后的流量成为稀缺资源，而稀缺资源面临的是商业化。

每一个优质的流量平台，都会在商业放量之后迅速变得平庸或成本高企。

早期神州专车和某新闻 App 合作的时候，因为该 App 还没有很多的广告投放，所以刚开始投放的广告效果很好，流量质量高，转化率也高，获客成本能控制在 30 元以内。三个月之后，投放广告的企业越来越多，用户也对各种广告产生免疫和厌烦情绪，导致流量质量明显下降，流量性价比远远不如投放之初，获客成本上升到 50 元左右，已经和其他平台没有太大区别。

只要是互联网的超级流量入口，价格都在水涨船高。不论是展示广告、点击付费广告还是分成付费广告全是如此，仅在 2017 年行业价格就上涨了 20%~30% 甚至更多。

自媒体的道理也是同样。一篇大 V（获得个人认证、拥有众多“粉丝”的微博用户）写的软文，普遍 5 万 ~10 万元起价（一些超 V 账号，合作价格已超 70 万元）。但更多时候，可能一篇 10 万 + 的文章，带来的最终成单不会超过 100 单。

没有标准，只有涨涨涨的自媒体，让很多企业越来越看不懂、玩不起！

导致畸形市场发展的另一个重要原因是巨头垄断。

随着移动互联网流量分割的结束，被巨头控制的流量占据绝大比例的市场份额。不论是 BAT 还是 TMD，流量巨头们垄断着市场，所有的玩家只能在他们制定的规则下支付巨额的流量费用，挣扎求生。

一头是死守流量生存底线的创业者们，另一头是坐拥流量的互联网巨头们，流量成了力量悬殊的双方博弈的重点。

百度广告的营收屡创新高，2015 年仅广告营收一项就达到 640 亿元，接近 2012 年广告营收的三倍。百度广告主的平均消费额，2015 年相比 2012 年也上涨了近两倍。

2016 微博全年财报显示，2016 年，微博全年净营收 6.558 亿美元，较 2015 年增长 37%。广告和营销营收较 2015 年增长 42%，达到 5.71 亿美元，日活跃用户 1.32 亿。

阿里在2016年第四季度新增了4300万移动月活跃用户数，共有4.93亿月活跃用户数。

在电商大淘宝体系里，接近80%的交易额属于天猫的20万头部商家，淘宝900万中小商家瓜分剩下20%的交易额，所有的流量和交易都会集中到头部。如果是大品牌，可以去天猫、京东卡位，但是小商户真的就没办法获利了。

看起来是免费流量的微商平台也在涨价。基于微信系统做分销平台和微小店的有赞商城，在2016年6月开始向每个店铺收取服务费。

从数据上可以很明显地看到，流量巨头们强有力地控制了互联网流量的半壁江山，月活跃用户和日活跃用户增长势头依然强劲。

除了线上流量巨头，传统媒体、视频网站的刊例价（媒体官方对外报出的价格）、分众传媒，甚至短信，各个渠道的流量价格都在上涨。流量的价格就像出租车计价器一样，几乎每隔一段时间就向上蹦一个数字。这就让中小型及初创企业的处境更加艰难。别说“月活”“日活”了，怎么活下去才是关键。

对于创业者来说，流量从必需品变成了奢侈品。

企业的获客成本从几元飙升至几千元，甚至上万元。有些创业者在购买流量上的花费，一个月就要五六百万元。也就是说，如果一家公司只拿到几百万元的天使轮投资，融到的钱其实都不够投广告的。

百度的竞价排名需要有持续的投入才会有效，应用排行榜刷榜的投入一天几万元都不止。而且展示广告、点击付费广告、分成付费广告，只要和流量沾边，价格就不会便宜。

通常来说，一个 App 用户的下载成本在 40 元左右，但是现在很多用户初次下载使用后就不会再打开，而且有七成以上的用户下载 App 之后都没有留存消费。也就是说，一款 App 如果有 10 个人下载，那么就有 300 元左右被浪费，这是一个恐怖的数字。更甚者，为了抢夺流量，有些行业（比如汽车、金融、医疗美容）的线上获客成本甚至高达四五千元或者更多。

这样疯狂的流量价格背后，反映的是中国移动互联网格局的确立。流量增长速度放缓，供需关系不对称，都让这一切雪上加霜。

问题三：流量陷阱

流量少、流量贵的问题已经让企业和创业者们应接不暇，然而在供需关系不平衡的情况下，牟取暴利的野心也在暗中滋生。企业一边要想尽办法提高流量增速，一边还要和各种流量陷阱斗智斗勇。

“我们的媒介供应链充满了黑暗和欺诈。我们需要清理它，并将我们节省下来的时间和金钱投入到更好的广告中，以推动销售的增长。”这是不久前，宝洁首席品牌官毕瑞哲（Marc Pritchard）在美国互动广告局 2017 年度领袖会议上发表的演讲中的一段话，将炮火直指媒介供应链中的弊端。

媒介透明问题对于业界而言并不算陌生。

在 2016 年的纽约广告周上，“透明”和“信任”成为大会热议的关键词，流量作弊已是营销行业的全球性问题。

广告主不敢投放数字广告，企业对数字广告行业的不信任达到临界点。

世界广告主联合会（World Federation of Advertisers）预计，在未来10年内，流量欺诈将会成为犯罪组织的第二大市场，仅次于毒品贩卖。

2015年，美国广告协会的调查显示：23%的视频广告有曝光水分，展示广告占比11%，广告主的投放损失达到63亿美元。2016年，这个数字上升到72亿美元。

从数据中可以看出，媒介的不透明不仅严重浪费了企业的预算，更影响到衡量与评估媒介投放的有效判断。

这也就不难理解为什么企业和广告主对媒介透明度和广告可见性迫切关注，因为他们真的想知道广告费究竟花到哪儿去了。

百度发布的《2015搜索推广作弊市场调研报告》指出，百度推广每天监测并过滤千万量级无效点击，其中5%为人工作弊，49%~65%为机器作弊。而在微信上，不论是公众号的“僵尸粉”还是刷出来的点击量，都是最常见且心照不宣的作弊举动。

2016年9月，微信公众号刷量工具瘫痪事件，就将众多“微信大号”打回原形，真实阅读量被曝光，比如，5万+的一篇稿件，可能只有300多个真实阅读，让广告主触目惊心。

流量欺诈问题涉及供应链上的每个人，从广告技术供货商、代理公司、交易市场到广告主，每一个环节都会受到影响。任何一个广告主都不喜欢投放的“黑洞”，数字媒介虽然已成为主流，但是透明可见和权威第三方监测都还不太到位，这也是2017年以来，很多广告主弃投DSP（需求方平台）而愿多花钱转投传统媒体的原因。

但是传统媒体的广告投放，又怎么能快速地看到效果转化，这也是流量池思维要思考的问题之一。

突围：互联网企业的“流量下乡”

随着红利的消耗殆尽，线上低成本流量越来越少，加上流量欺诈问题屡见不鲜，越来越多的互联网创业者深陷流量之困。在线上流量之困中挣扎无果后，一些互联网企业开始了新一轮的突围——流量下乡。

最直接的例子就是之前素有“互联网新贵”之称的小米，那时互联网上流行着这样一句话：站在风口上，猪都会飞。这里的风口其实就是流量入口。小米依托互联网红利期的流量爆发，顺势而为，估值也是扶摇直上，赚足了线上流量红利。

但过去两年，小米过得并不舒坦，相继被深耕线下门店的OPPO和vivo赶超，市场份额也一度跌出了全球第五。

在三、四线城市甚至是农村，OPPO和vivo的门店几乎随处可见。在互联网还未渗透到这里的时候，渠道渗透让OPPO和vivo的门店成为新的流量入口。也正因为如此，它们打败了小米、三星和苹果，赢得了线下销售的最后10米。

于是，标榜只在互联网上售卖的小米也开始开线下门店了。截至2017年8月，小米已经开了156家“小米之家”，预期三年时间开到 1000 家。小米也在投身线下后重回全球前五。

无独有偶，同年，京东的首家线下店“京东之家”在长沙开业；阿里巴巴试水线下无人便利店，推出“盒马鲜生”；腾讯微信首家官方品牌形象店 WeStore 已经在广州正式开业；三只松鼠在安徽芜湖开出了首家体验店；百草味在砍掉线下转型电商的第 7 年宣布重回线下，启动“一城一店”计划……

当所有人都把精力专注于线上流量的“风口”时，殊不知这时的线下流量早已变成了一个“洼地”，储存着数倍于线上的流量。

毕竟线上流量已被充分挖掘，无论怎么投放都不会再有爆发式增长。“下乡”深耕线下，这一互联网洼地也就成了新的流量出路。

说到“流量下乡”，就不得不提“刷墙热”。以前“刷墙”都是优生优育猪饲料，现在是淘宝、百度和花椒——“生活要想好，赶紧上淘宝”“要想生娃盖别墅，致富之路找百度”“花椒直播玩法多，妇女主任变主播”……其他互联网企业也紧随其后加入“刷墙”的阵营。互联网企业用“刷墙”开始了和线下农村用户的沟通互动。

农村人口占中国人口将近一半，虽然他们大多数人和互联网保持着距离，但随着移动互联网的渗透，全国 60 多万个行政村所形成的这片互联网洼地，其实潜藏着巨大的流量。

再以电梯框架广告“分众传媒”为例，他们把线下不起眼的电梯承包下来，打包出售给广告主，也将线下流量玩得风生水起。可以设想，结合 LBS（基于位置的服务）和用户信息采集，分众传媒也可能成为 O2O（线上到线下）的线下精准媒体，给不同社区用户投放不同的电梯广告。

尽管线上绝大部分流量被BATJ、今日头条和视频网站所垄断，但分散的线下流量也让中小玩家们看到了分一杯羹的机会。从楼宇电梯到社区商超，从共享单车到无人便利店，越来越多的线下场景被开发和挖掘出来，线下流量仿佛成了“取之不尽、用之不竭”的“新洼地”。

但是，线上线下的信息流、物流和资金流打通是必然趋势。2017年，随着BATJ新零售题材的介入（阿里全国布局盒马鲜生，腾讯100亿元收购男装品牌海澜之家等），线下主要流量（好位置，好形态）也可能在未来继续成为少数巨头的垄断，传统企业将面临更为严峻的流量之困。

流量问题之下，企业如何营销破局

简单地讲，当前营销已经分成两个流派：品牌流和效果流。

品牌流，以传统媒体或者广告公司、公关公司为主，偏重品牌带增长的营销方式。大部分品牌营销是通过品牌内容带来的长期性关注，也为企业和品牌带来更多美誉和忠诚度，从而创造销量。其和销售的直接关联度不强。

效果流，是互联网时代的产物。从传统互联网到移动互联网，从PC端到移动端，以数字精准投放的形式，以效果为导向来做营销。很多新兴概念出现，比如最早的SEM（搜索引擎营销）、SEO（搜索引擎优化），以及这些年兴起的DSP、feeds（信息流广告）、增长黑客等。

在多年的营销工作中，我深刻地感受到两点：

- 企业营销不仅要品牌，更需要效果。
- 在移动互联网上做营销，必须追求品效合一。

什么叫品效合一？品效合一就是企业在做营销的时候，既要看到品牌的声量，又要看到效果的销量。产品要带动品牌声量的提升，同时品牌推广本身也要有销量增长。

这个观点并不新颖，业内很多同行也一直在说，但在实际执行中却很难给出系统方法论和衡量标准，我也是在当前营销手段中尽量去增加流量变现的改造测试。

相对于更普遍的传统营销思路，针对“品效合一”几个字，我会更强调效果的转化。尤其在移动端，因为交易链条更短，线上支付便捷，也让品效合一成为可能。品牌性营销，应尽量做好最后一米的销售效果，不能只是赔本赚吆喝、叫好不叫座。品效合一的营销思路，只有应用在企业的流量布局和运营中，才能快速破局，避免浪费。

用流量池实现“急功”和“近利”

通过摸索实践，我和团队总结出一套“急功近利”的营销理论：流量池方法。

正如在自序里所说，流量思维和流量池思维是两个概念。流量思维指获取流量，实现流量变现；流量池思维是要获取流量，通过流量的存续运营，再获得更多的流量。所以，流量思维和流量池思维最大的区别就是流量获取之后的后续行为，后者更强调如何用一批用户找到更多新的用户。

对创业者而言，营销范畴的“急功近利”并不是一个贬义词。

- “急功”，是要快速建立品牌，打响知名度，切入市场，获得流量。
- “近利”，是在获得流量的同时，快速转化成销量，带来实际的效果。

尤其是在移动互联网的下半场，流量资源抢夺越发激烈。很多企业和产品还没有获得成为品牌的机会，就葬送在大环境中。企业可能没有那么长的时间做品牌积累，却迫切希望自己先成为名牌。在“急功近利”的同时完成品牌建立和达成销量，这样的营销理论才是当下更实用的方法。

在接下来的章节中，我将与你交流以下几方面问题：

- 初创企业如何快速建立品牌，如何打广告，如何做到品效合一？
- 如何用最低成本实现营销裂变，让老用户帮你持续带新用户？
- 热闹的微信营销，怎么做才能真正带来实效？

• 事件营销，如何才能让流量瞬间爆发并存储转化，而不是一夜昙花？

• 如何做好落地页，让落地页成为高转化的第一生产力？

• 数字广告投放如何才能避开作弊陷阱，让你少花冤枉钱？

• 跨界流量合作靠不靠谱，怎么做到既双赢又有效？

第二章

品牌是最稳定的流量池

就在本书撰写期间，百雀羚的一篇一镜到底的长图营销刷爆了朋友圈，这个题为《时间的敌人》的长图文创意，据说带来了3000万的微信总阅读量。这个数字非常惊人，因为一般以内容营销（非广告投放）的数据来衡量，超过100万阅读量就已经很不错了。

百雀羚《时间的敌人》长图文案部分截图

同时，另一种质疑的声音出现，一篇由微信账号“公关界的007”发布的文章《哭了！百雀羚3000万+阅读转化不到0.00008》，阅读量同样迅速达到10万+（大部分是业内人士阅读）。文中讲到一个数据，说某企业花费180万元进行头部自媒体KOL（关键意见领袖）投放，销售转化不足8000元；而百雀羚这次的创意，指向的是淘宝旗舰店促销活动，加上其他各方面，总投放预算估计在300万元左右，然而淘宝店的总销售额不到80万元。

对百雀羚长图营销的争议，其实反映的是当前做品牌的两个尴尬：

第一，做品牌，到底应不应该承诺效果？或者用什么样的转化周期来承诺效果？

第二，如果用同样的费用做效果广告，是不是会更有效，并且品效合一？

注意，这里的效果广告是指在互联网上按效果付费的广告投放，比如搜索竞价、信息流广告等，但我说的效果营销不单指广告投放，下面会解释。

尴尬的品牌

2012年以前，效果营销的概念还没有出现。可以说，除了促销，当时所有的营销都是品牌营销。无论是投放户外广告、电视媒体，还是投放一些新浪、搜狐的横幅广告（banner），抑或做一做当时方兴未艾的BBS（电子公告牌系统）、微博内容账号，玩一玩线下公关，所有这些形式，基本上都是品牌营销。

为什么这么说?

在我看来，不能直接导向购买的营销行为都是品牌营销，即使其最终目的是导购。但是此类营销路线较长、周期较长，目标可能也会在这个过程中变得模糊。

“我知道我的广告费至少有一半浪费了，但我并不知道是哪一半。”广告大师约翰·沃纳梅克的这句名言，也是对这个品牌营销时代的注解。

品牌营销时代很多产品的成功，得益于优秀的广告创意、海量的广告投放、彪悍的渠道刺激和信息不对称的产品包装。比如，脑白金、哈药、洋河、七匹狼、步步高、361° 等民营品牌，宝洁、欧莱雅、金龙鱼、诺基亚、戴尔、奔驰、宝马等外资品牌，都无一例外是这个品牌营销时代的赢家。

当时的营销服务，本土的会选择如叶茂中、翁向东等，高端一点的则会选择奥美、JWT（智威汤逊）等老牌 4A 级广告公司，但在营销的手法上并无太多不同。“一句广告语 + 一个代言人 + 中央电视台”，晋江系企业总结出来的“三板斧”很有效。通过央视招标，一个新品牌可能一夜成名，迅速走进千家万户，所以那时每年的央视广告招标大会都是行业盛会，也是来年“中国经济的风向标”。

那时，网络自媒体还没有规模化出现，即使新浪、搜狐、天涯等也只是主流媒体（电视、报纸）之外的补充形态。正如中央电视台的广告语“相信品牌的力量”所说，真正的中心化媒体就是央视、卫视、报纸、广播和户外大广告牌，用户并没有太多的选择和网络信息干扰。所以，有名气的牌子（名牌）就是品牌，广告密集投放的商品很容易获得大众认知和购买。但因为没有精准真实的用户标签和画像，没有过程中的数据追踪，即使有一半的浪费，大家也都能在“盲投”和“经验判断”下，完成市场动作并且觉得理所当然。

综上所述，那个时候品牌营销占据企业市场部至少 70% 的工作量，是企业绝对的营销重点。对策略、创意和媒介投放负责，是市场总监的核心责任。

这里多说一句，你会发现时至今日，虽然效果营销已经迎头赶上，但绝大部分企业对市场总监的招聘需求还停留在“品牌总监”时代，即使这个总监并不了解数字媒体、效果投放和线上转化。这说明很多企业对于品牌的套路理解，还停留在 2012 年以前。虽然不能说对或错（即使在今天，很多套路也并不过时，并且还很有效），但今天一个市场总监的知识结构已远不止品牌部分了。用户运营知识、产品经理的技术视野、数字效果广告、社交媒体玩法，只有掌握这些新知板块，才能更好地武装一个市场总监，让传统意识升级。

那么，效果营销是从什么时候出现的呢？

我不做钩沉考究，依照个人经验，2012 年以后的 PC 互联网已经号称能够记录用户上网行为，进行目标用户画像，从而实现更精准的广告推送。这样的市场营销是基于技术基因的手段，与“至少浪费一半”的品牌营销有所不同。而以百度、新浪、搜狐（这个时候的腾讯广告还未起来）为代表，互联网开始给客户灌输一种不一样的理念，即“精准营销”。

自2014年以来，移动互联网飞速发展，传统的企业官方网站变成了App和企业微信，用户通过下载或关注微信，即可实现互动和购买。同时，阿里、京东等电商转向移动端电商，增加了LBS和移动支付功能，用户体验更快捷、更方便。完全为手机而生的美团、大众点评、滴滴出行、摩拜单车、神州专车等软件，则带来了用户前所未有的体验升级。

精准营销虽然在人群定向上有了划分，但移动互联网完成了它的进化，让人群不仅能看到，还能立即在手机端点击购买，从而实现了最终效果。

就是这个轻轻一点，让移动互联网的效果营销直达最后一厘米，并且高下立判。可以说，无论是App品牌展示、图片二维码、视频贴片、搜索竞价、口碑软文，还是后起的DSP、feeds、小程序、微信公众号等方式，都让用户增加了一个闭环型动作——最终点击购买。而传统的媒体（电视、报纸）、传统的网络媒体（PC），无法实现即时场景、即时即刻的用户购买，所以基于移动端的效果营销必然是转化链更短、效率更高也更为先进的营销方式。

所以，我所认同的效果营销，不是数字媒介公司经常提到的SEM、DSP等广告形式，而是在移动互联网时代，一切传播形式都具备导向购买（或下载、注册等用户行为）功能，这是一个根本性的思维取向。如果不能导向购买，则不叫效果营销。

这并不是要概念极端化，而是要让营销人强化一种思维，即不浪费每一次不易获得的流量。绝大部分企业都不可能像BAT那样坐拥无限流量，而且目前的流量和获客拉新成本太高，完全不容营销人浪费。

谁知盘中餐，粒粒皆辛苦!

举一些身边可改造的例子。

1. 一篇微信长文如果只是公关美文，即使获得 10 万 + 的阅读也是流量的浪费。增加一个嵌入小程序或者一个点击购买按钮，如同大 V 文末的打赏一样，大家都已习惯，并不会让用户感觉突兀，反倒增加了看完图文后的购买冲动，何乐而不为。

2. 你的户外或店头广告，如果没有添加二维码，或者二维码带来的是一个 30 多兆的 App 下载，也是不及格的。让用户能够扫码打开一个 WAP（无线应用协议）网站，或者关注企业微信，并且扫码有奖励，就会带来一些转化。

3. 回到之前百雀羚的案子，一镜到底的长图文创意非常精彩，但在图片最后缺少一个让用户立即点击购买的按钮（比如电商官网），而不是提醒用户去打开淘宝领券参加，这种设置是不及格的。我们知道，当一条优质创意瞬间打动人之后，用户的好奇以及消费冲动往往也就只有几秒钟。能够在当时当下迅速解决转化问题，就能让购买率大幅度提升。一旦用户因为麻烦的体验和新的场景页面跳出当前环境，就会导致用户冷静情绪或放弃购买，从而丧失最佳的消费时机。

4. 很多刷屏级的 H5 创意同样存在上面三个问题。创意精美，流量巨大，却不在最终的展示页和转化按钮上下功夫，从而丧失了转化的黄金时间。

所以，移动营销的关键就是当下的转化！用手机上的展示内容吸引用户在当前场景下迅速完成转化。凡是增加用户购买难度、跳出当前页面，或者关闭内容等待下一次重逢的，都是令人可惜的浪费！

可能有很多营销人对这种观点不太认同。他们认为品牌要与用户进行深度沟通，而购买是多次触达之后的行动，是 AIDMA 法则（即关注、兴趣、欲望、记忆和行动）的体现，用户不必在当前转化，而要看得更长远。同时，有一些广告人会认为在美好的作品中增加商业导购元素是一种伤害，而不愿意去做落地页和转化按钮。

对这个问题，见仁见智。对于流量丰富、品牌号召力巨大的企业，可能确实不用这么“急功近利”地实现流量变现。但对于绝大部分企业，尤其是创业企业，我还是建议珍惜一点一滴的流量，聚沙成塔，能转化必转化，能“品效合一”就一定不要“品牌务虚”。

这样一来，前面提到的两个问题的答案就明确了。

第一，做品牌，到底应不应该承诺效果？或者用什么样的转化周期来承诺效果？

答：做品牌，不承诺效果就是“耍流氓”，因为移动互联网让“轻轻一点”成为必需。

转化周期由不同的产品特点决定，零食、服装等低决策商品可能当天就有数据，而汽车、金融等产品可以先获得客户线索，最终转化周期为 7~15 天。

第二，如果用同样的费用做效果广告，是不是会更有效，并且品效合一？

答：纯效果广告投放（如 SEM、DSP 等）并不一定更有效，因为内容可能会缺少很多趣味，从而影响阅读点击量。

最好的方式是做好品牌信息改造，增加导流购买方式，做到品效合一。

综上，我讲到了对效果营销、品效合一的理解，就是在移动互联网背景下，品牌广告也要增加购买变现的动作，要追求效果，而不能只以纯品牌为借口，浪费当下的流量。

那么，我们又该如何理解这个时代的品牌呢？

品牌：流量之井

很多创业者在前期的营销上都会面临一个困惑："如果手里有 1000 万元，我是做品牌，还是直接买流量做效果？"

如上文所述，品牌和效果投放并不是对立的。品效合一，是更好的选择。

但在实际操作中，做品牌可能代表着一些传统广告投放，比如影视剧贴片、分众电梯、卫视节目冠名等。这些广告看得见、摸得着，但效果得不到保证，所以企业主心里难免会打鼓。

而买流量，可能就是直接选择购买效果广告，比如百度的竞价排名、今日头条的信息流、腾讯社交广告等。这些数字投放，都能测算出 CPC（以每点击一次计费）、CPL（以每一条客户留资信息计费）、CPS（以每一件实际销售产品计费），相对品牌投放，企业主心里相对放心，觉得能够看到 ROI（投入产出比）回报。

当然，企业主内心也会纠结：花钱买流量可能是饮鸩止渴。一是流量费用越来越高，随着 BAT 的垄断，企业议价权越来越小，获客成本高；二是如果不做品牌，可能也没有品牌溢价，只能通过产品促销、降价的方式，提高流量效果。

分众传媒董事长江南春对这种普遍性纠结有一个说法："流量占据通路，品牌占据人心。补贴和品牌可以两手抓，补贴和流量相当于促销，而品牌才是真正的护城河。"

这个说法有见地。

传统品牌讲求"三度"：知名度、美誉度、忠诚度。虽然对这三度的具体计算都是通过调研公司完成的，但对于品牌的功能和价值，受众一般看重的也是这几点。

第一，品牌解决认知问题。让消费者记得住并能和竞品区别开（心智占有）。

第二，品牌解决信任问题。消费者因为放心会优先选择名牌，错选的代价低。

第三，更高级的品牌是一种文化或信仰，具有很强的韧性和生命力。比如星巴克、可口可乐、苹果这些超级品牌，会有足够多的忠诚用户。"即使一夜之间工厂全部烧光，只要我还有品牌，就能马上恢复生产。"这是可口可乐创办人阿萨·坎德勒的名言。

如果从古代酒肆门前的招牌算起，到各种品牌形态出现，人类始终要解决的品牌问题就是 6 个字：认知、认同、认购。

那么，在移动互联网时代，品牌又会有什么新的变化吗？

在上文我已经提到，如今这个时代的营销都是可以品效合一的，所有不做点击导购的品牌营销都是浪费流量。

从流量池的角度看，品牌不仅是心智占有和信任背书，而且品牌本身恰恰就是巨大的流量池，品牌并没有站到流量池的对立面。

所以，我要补充一个重要观点：品牌即流量。

相对于BAT级别的流量之海，绝大部分企业品牌只能算是一口流量之井。虽然不是大江大海，但也“为有源头活水来”。只要有这井水在，就能源源不断地提供流量、提供商机。

这个道理很容易理解。如同当下最热的明星、网红，他们的微博下面总有不少“粉丝”的回复，走到哪里都是前呼后拥，做一场直播能收几十万元的礼品，一点八卦就能上大号头条，甚至刷屏。他们的这些巨大流量来自两方面：一是关注，二是“粉丝”。

对企业而言，关注就是注意力经济，就是商机，就是大量免费的流量涌入。优步（Uber）的新闻，无论是一次公关活动，还是CEO（首席执行官）的离职，都经常能被大家讨论，这就是明星企业的关注力。同样，小米的雷军、锤子的罗永浩，为什么坚持用新闻发布会为产品站台，并且经常做出“Are you OK？”（“你还好吗？”）、“漂亮得不像实力派”等炒作噱头，实际上都是在用个人的方式引发公众对产品的关注。

关注可能并没有倾向性。对一个用户而言，关注你的产品可能只是出于好奇，或者想看八卦新闻甚至负面消息。而“粉丝”则是自媒体时期企业做品牌最利好的一个流量源。

“粉丝”，是企业产品的忠实用户或者喜爱者。从流量的角度看，“粉丝”不仅自己会主动消费，而且会成为企业的“自来水”，也就是帮产品主动打广告、做口碑的“免费水军”。

不要以为只有娱乐明星才有所谓的“粉丝”，实际上很多品牌通过潜移默化的渗透，都让我们无形中成为其粉丝。即使口头上不会承认，但在实际消费时，品牌对心智的占领也会起作用，使我们不仅会在第一时间联想到该品牌，还会自发地主动推荐。

这样的例子很多：

- 在选择房地产中介的时候，会瞬间想到链家。
- 想要吃汉堡包的时候，脑海里出现的是肯德基、麦当劳。
- 想要买家居用品时，会想到宜家。
- 想要吃火锅时，去找海底捞。
- 想要买手机，脑海里就有华为、苹果或者小米。

在商业高度发达的社会，我们其实已经成为这个品牌或者那个品牌的“粉丝”（这一现象的专业说法叫品牌心智占有）。第一时间的品牌联想指导下的购买动作，以及告诉他人的冲动，都是典型的粉丝行为，这些会为品牌带来稳定的流量。

这就是在效果广告越来越多、成本可见的今天，我们还要做品牌的原因。

品牌即流量。通过关注和“粉丝”，可以获得源源不断的流量。从短期看，可能做品牌付出的成本很高，但基于品牌的持续性记忆、“粉丝”的口口相传以及明星品牌的社会关注，品牌成本会边际递减，甚至归零。到了那时，企业即使减少大量的品牌广告投放，也可以有稳步上升的趋势，成为一个成功、成熟、到达收获期的品牌。

我常说一句话："品牌二字，玄而又玄，众妙之门。"

如何开启这扇大门，如何让品牌尽快获得关注与粉丝，如何用较低的成本迅速建立品牌流量池，完成最终的效果转化，我将主要从定位、符号和场景（见第三章）三部分内容予以阐述。

最犀利有效的三种定位方法

今天，多数中国企业家或市场人员应该都读过杰克·特劳特和艾·里斯的《定位》一书，也或多或少接触过王老吉的"怕上火就喝王老吉""瓜子二手车直卖网，没有中间商赚差价"等特劳特式的定位案例。

定位对于品牌可能是灵魂的注入，让品牌有了与众不同的目标、愿景和能够在市场上立足的基础。

在这里，我不细谈品牌定位，那会是一本书的容量。我仅从个人的操作实践来谈什么样的定位更有效、更犀利、更能让品牌迅速脱颖而出。

这里先以神州专车为例。

2015年初，神州专车刚刚杀入出行市场的时候，面对的可谓三座大山：滴滴出行、优步、易到。当时正是出行市场竞争白热化阶段，竞品无论是市场占有、品牌名气、资本实力还是网络流量，都绝非一家新创品牌短期所能达到的。作为后来者，神州专车面临着极高的挑战风险。

单讲品牌，普通大众已经通过享受两年的出行补贴，充分接受了滴滴出行；一些白领、外企用户则成为优步的拥趸；易到作为中国专车创始品牌，手里攥紧了大量中高端商务用户。此时的神州专车，并没有陷入同质化竞争，靠打价格战引流，而是坚持特有的 B2C（电子商务中商家直接面向消费者的交易方式）模式，即自己提供专车和司机，没有从车辆和司机数量上跟滴滴和易到搞竞赛。

这个时候，定位就变得至关重要。

如果跟随对手的定位，主张当时各家专车都主打的速度、价格，神州专车显然不具备明显竞争优势，自有车和司机毕竟也不如社会车辆多。而神州专车坚持高品质自营，起步就从 B 级车辆（15 万元以上商务车型）开始，价格方面也无法对拼快车和疯狂补贴的优步。

如果追求“高品质、服务好”呢？这个定位看起来合理也符合实际，但可能会比较虚。服务是一个后体验的东西，消费者还没购买体验，你再怎么强调，他也没有太大的感触，很难切中他的“痛点”。

品牌需要定在哪里？

一是看产品的特点，二是看用户的消费痛点。

神州专车没有 C2C（电子商务中消费者到消费者的交易方式）的车多人多，独特的优势就是更规范、更专业、更便于管理。神州专车内部当时用京东与淘宝做对比，前者没有后者那么大的商品数量和成交量，但显然在产品品质上更让人放心。淘宝“消灭”不了京东的一个原因，就是B2C模式带来的品质差异让一部分用户会忠诚于京东。

从这个角度看，滴滴出行、优步、易到都是同一模式的公司，它们的补贴大战一定会杀个你死我活，可能最后只剩下一家。这是从当时资本市场的角度来理解，事实上，在随后的一年多时间，滴滴出行相继并购快的、优步（中国）后，确实成为国内出行市场的“巨无霸”。不过，后来的事实还证明了一点，即商业模式才是根本。C2C模式没有壁垒，2017年，美团、摩拜也杀入网约车市场，充分说明只要有流量和资本，C2C模式就可以无休止竞争，补贴战、价格战根本停不下来。拿优步在美国来说，一旦它的补贴停止，对手Lyft（来福车）的流量就赶上来了。毫不夸张地说，BAT中任一巨头其实都可以做网约车，它们还有更多的应用场景优势。当然，这些都是后话。

当时我们认为，神州专车的特殊模式就在于构筑了护城河与壁垒——我们不一样。

但前提是要让用户清楚地认识到，神州专车和其他公司的模式不一样。

当时C2C社会共享车辆的弊端，可以明确地看到两点。

首先，缺乏监管。虽然方便了民生，但其实大量接收了之前所谓的黑车司机，而政府部门监管政策尚未出台，很多快车司机的素质有待提高，媒体和网络上有大量的司机犯罪、骚扰和辱骂乘客的相关报道。

其次，平台纵容。为了招到更多的司机加盟，各个打车平台不但没有加强管理，反倒制造一些话题，如“打车邂逅美女”“坐车认识投资人”等。很多有车族把开专车当成找乐子，加用户微信，后续进行骚扰，这实际上成为网约车行业最初的一种常见乱象。

对比之下，B2C专车模式，专业司机，专业车辆，更清净，更自律，也更安全。

从用户的消费痛点考虑，我们首先要明确谁是神州专车的用户。显然，鉴于当时的数量和价格，我们无法满足所有用户的用车需求，只能满足中高端的部分用户需求，他们更偏商务，价格敏感度更低，更在乎服务品质。

中产人群对于安全的诉求明显更高。作为一个封闭式的出行工具，专车司机和车辆本身的安全性，都是商务用户比较敏感的问题。男性用户可能对安全看得没那么重，但其家人也会乘坐专车，他们的安全如何保障，这是一个绕不过去的痛点。

基于自身的产品特点和中高端用户的痛点，神州专车做出了一个足够差异化的定位——安全！

神州专车，要做更安全的专车。唯有如此，才能在对手疯狂的补贴大战中杀出重围，做出差异，获得用户，立足市场。

在这里要特别提到神州专车品牌定位的提出者和坚定支持者，就是神州优车董事长兼CEO陆正耀。我印象最深刻的一件事是在一次内部品牌决策会上，当神州专车市场部大部分人以及品牌合作方中国台湾奥美的专家们都质疑安全定位可能不符合用户用车需求时，老陆坚定了安全定位。他认为，行车走马三分险，安全是用车出行的最基础需求！如果专车做不到安全，那一定不是用户需要的专车。

通过两年多的塑造与坚持，今天，神州专车诉求的安全已经深入人心，安全定位已经成为神州专车的灵魂与名片。神州专车不仅拥有4000万名用户、日均超过50万单的品类第一，而且得到了中国中高端用户的青睐。在专车补贴大战最激烈的缠斗下，他们主动减少补贴，不仅没有掉队，还能稳步增长，达到了年均增长率50%以上，充分体现了品牌的韧性和生命力。

时光荏苒，2015—2017年的行业态势也印证了我们当初的判断。两年里，优步（中国）被滴滴出行合并，易到陷入资金链断裂之虞，逐步退出了一线的竞争平台，而滴滴出行在专车上也开始跟随神州，主打“安全专车”形象。

神州专车这三年的品牌故事，是一个很好的定位案例，它符合我追求的快速、差异、犀利化品牌，而这种品牌一旦建立起来，会带来源源不断的“粉丝”和用户口碑，让品牌获得流量。

- 好的定位总是干净利落，广告口号让人印象深刻，同时可以节约企业大量的营销费用，提升广告效果。
- 不好的定位，啰啰唆唆，特征不明，虚头巴脑，用户记不住，企业自己也说不清。

- 最可怕的定位，是根本不是用户需求，过高估计了市场或错误判断了市场，产品和品牌定位都是悲剧。

我认为在实践中有几种最简单有效的定位方法。

对立型定位

对立型定位是强竞争性导向（非用户需求导向），是与对手显著差异化的定位，适合市场已经相对饱和、后发创业的品牌。

这种定位的逻辑必须有一个能够对标的竞品，最好是行业最大、知名度最高的竞品，这样你的对立才有价值，才能被用户马上感受到，才能跳出同质化竞争。

针对这个竞品，你认为你最与众不同的优势是什么？要么人无我有，即拥有对手还不具备的优势；要么人有我强，即拥有对手还没有重点强化的特点，你准备做到最好。

从形式上来讲，对立型定位往往在广告语言上会使用“更”“比”“没有”“增加”“不是……而是……”等字词，体现对比优势，并且一破一立，很容易带给对手不利的联想。

上一案例已经讲到，滴滴出行和优步已经成了快车、专车的代名词，神州作为后发者，以滴滴出行为对标，提出了“更安全的专车”，让对手被间接联想成为“不安全的专车”。这个是人无我有。

同样激烈的二手车大战，瓜子、优信、人人车的广告投放数以亿计，但瓜子的投放效率明显更高。“二手车直卖网，没有中间商赚差价”，让对手站到了“有中间商”“赚得多”的联想对立面。

农夫山泉的“我们不生产水，我们只是大自然的搬运工”，强化了天然矿泉水的定位，让用户直观感受的同时，也对其他非矿泉水产生消费怀疑。

针对红海竞争的白奶市场，特仑苏的定位是更高品质、奶中贵族。“不是所有牛奶都叫特仑苏”这句口号霸气又低调，让人印象深刻，广告公司因此获得蒙牛集团的10年贡献大奖。

2005年，百度面对中国最大的竞争对手谷歌，提出了“百度更懂中文”的定位口号，巩固了中文搜索的地位，让百度成为中文搜索的标配（同一时间还有雅虎、中搜等大量搜索网站，但已俱往矣）。

以上案例，都是强对立型定位。如果需求都是一样的，不能体现定位的价值，只有通过定位，分化、切割并提升出新的市场需求，让自己成为与众不同的对立者，才有机会存活并赢得市场。

商场如战场。工业文明与信息文明孕育出来的现代商战，是在激烈对抗中寻求对立统一，寻求竞争与合作。如果只是农业文明的谦谦君子状、宋襄公式的道德树旗，对市场竞争的残酷性采取忽视态度或反应迟钝，那么定位也会绵软无力、毫无性格，既打击不了竞争对手，也无法赢得用户关注。

比如，很多情怀型定位，如梦想、主义、主张等，看起来很温暖、很文艺，如果定位者是市场领导者倒也无可厚非，算是一种情感沟通，但如果是创牌企业，那么这种定位毫无意义，基本是管理者的自娱自乐。因为在有限的流量推广中，消费者很难对你形成印象并迅速认可。

我认为，凡是不能一句话或者几个字说清楚的定位，都不能算品牌定位。定位不是口号，但好的定位，一定能引导出很简单、很好懂的一句口号。

著名的 USP 定位

20 世纪 50 年代初，美国人罗瑟·里夫斯提出 USP（Unique Selling Proposition）理论，即向消费者说一个“独特的销售主张”。40 年后，达彼思广告将 USP 发扬光大。

从理论来讲，对立型定位也是一种 USP（人无我有）。但从实践中，我们一般说的 USP 更强调产品具体的特殊功效和利益，是一种物理型定位。达彼思认为，USP 必须是具有特点的商品效用，要给予消费者一个明确的利益承诺，并通过强有力的说服来证实它的独特性。

简单来说，就是我们的产品在某个功能上非常不错、独一无二。

USP 定位经久不衰，可以说到目前为止，绝大部分的品牌定位，尤其是科技创新产品、工业产品，都基本遵循了 USP 定位法则。甚至，USP 也反向引导了工业设计和创新思维，简单、极致、功能主义、单点突破，这些新概念或多或少都有 USP 的影子。

从表现形式来看，USP 定位最容易形成的就是场景型口号，即在某种场景（或问题）下，你应该立即选择我的产品，“……就用……”是常用句式。

斯达舒广告经久不衰的定位“胃痛、胃酸、胃胀，就用斯达舒”就是USP定位的典型案例。明确场景，明确产品利益点，让消费者一听就明白，一对应症状就能联想到产品。这样的好定位，省力又省心。你想想，同类型的其他胃药品牌，你还有能记住的吗？

红牛饮料的“困了累了，喝红牛”，也是同样的USP定位，定位在解乏功能性饮料。这个一听就明白，场景很清晰。后来口号更是换成“你的能量，超出你的想象”，对定位的表述模糊了，可能是企业觉得品牌做大了，可以更加偏主张、偏情怀一点。

“农夫山泉有点甜”，“甜”是一个USP，让用户联想到天然泉水。这是一个100分的定位和口号。

OPPO手机的“充电5分钟，通话两小时”，又是一个功能明确的USP定位，突出了闪充功能。而且口号就是数据证明，即使用户将信将疑，也会对这个充电功能留下深刻印象。

士力架的“横扫饥饿，做回自己”，始终坚持的是抗饥饿食品定位。

iPod（苹果的便携式多功能数字媒体播放器）的早期口号是“把1000首歌装进口袋”，这个定位要表达的是iPod个子小、容量大。

USP定位应用最多，大家可以再想想身边的案例。总之，USP定位基本是着眼于某个强大的产品功能进行概念包装，给用户留下鲜明印象，建立竞争壁垒。

升维定位

与第一种对立型定位的思维方向正好相反，我把第三种定位称为升维定位。同样是竞争，不跟竞争对手在同一概念下进行差异化纠缠，而是直接升级到一个更高的维度，创造新的蓝海品类市场。

看过《三体》的人都知道“降维打击”一词。掌握三维空间技术的对手能直接把你的维度降到二维，从而不在一个维度上就能轻松消灭你。

回到定位本身，也就是创造新的需求，或者启发新的需求，让用户觉得，这个产品根本就不是之前的其他产品，是一种更高维度的购买体验，那你自然也会成为新品类的代表者。

升维定位也特别适合创新型产品，或者创业阶段的企业。如果我的产品能够直接或间接创造新的需求市场，那我就没必要对标现有对手，也没必要就一个单点做 USP 突破，而是可以直接成为新市场的领导者和占有者。

在表现形式上，最经常看到的升维定位就是“××× 行业开创者”“重新定义 ×××”“××× 革命”等比较大的字眼。虽然看起来有点大而空，但消费者通常有趋强、好奇、选大牌、选更先进产品的心理，所以也会产生实际效果。

有时候，升维市场是真的全新市场，那定位就是取其最大，振臂一呼！

预调果酒 RIO（锐澳）是一种用威士忌、伏特加等为基酒，加入各种水果汁调制成的酒精含量仅为 5% 的新型饮料。RIO 针对夜店渠道，从 2013 年发力，上市之后就很受欢迎，两年时间销售额突破 20 亿元。它的定位就是夜场酒的消费革命。在夜场消费上，当时还没有预调酒概念，初期消费者主要是因其酒精度低、口感好喝、瓶身彩色包装等元素选择RIO，所以早期RIO的营销很成功，因为市场上没有跟进者，基本一家独大。

而2016年以后，多家白酒企业开始跟进预调酒。比较可惜的是，RIO没有坚持自己的行业领导者定位，而是转向消费者沟通的情感型定位（“RIO在，超自在”），实际效果有待观察。

也有一些升维，并不是真正的全新需求，而只是通过定位引导原有消费升级，将消费力转移到新的产品上。

在小米、乐视互联网电视出现之前，传统电视已经开发了连接互联网、能够在线看视频的电视机，如：长虹做了CHIQ（启客）；创维的网络电视名气大一些，叫创维酷开；康佳的网络电视叫KKTV。但它们都没有整体发力抢夺互联网电视概念。

某个时间段，这几个品牌也在相互缠斗、你争我夺。但实际上，绝大部分用户可能对这些副牌都没有印象，因为牌子太细碎，概念太小气。上述企业在做定位时估计也有顾虑，既要保护传统电视的份额，又想把握未来的消费升级。

但乐视、小米进入市场后就不一样了。它们没有任何顾忌：我来就是“革命”的，也根本不需要做什么副牌，我的定位直接就是互联网电视，抢最大的概念，占最大的交椅，收获最大的消费认知。

后来的情况是，传统电视教育市场这么多年，互联网电视的概念始终羞羞答答、不清不楚，市场也没有做起来。而小米、乐视进场后直接升维定位，也就两三年时间，市场便迅速升温、扩量、成熟。现在年轻人买电视机，首选就是互联网电视，最认的牌子也是小米和乐视。在他们心目中，互联网电视是一个全新品类，而这个品类的领导者显然不再是那些传统电视副牌。

发展了数十年的电视机行业，仅仅几年时间就在产销量上被跨界而来的对手打败，原因可能是多方面的。但就定位来讲，直接升维并占据市场最大化概念，这样的思路很正确，值得学习借鉴，传统企业尤其要学习。

需要提醒的是，升维定位并不是竞争性导向，而是用户需求导向。升维的核心目的不是打击对手（那不如对立型定位更直接），而是创造或引导出新的需求。

升维定位需要企业家有一定的战略格局和市场眼光，但也要避免好高骛远、过度判断。这几年流行的O2O互联网创业，搞出了很多根本没有多少需求或是伪需求的市场概念，比如上门美甲、上门洗车、上门按摩等。这些需求频次低、习惯弱，结果企业定位很大，看上去很美好，但实际的市场状况却不是营销能够解决的，因为需求本身很难延续。

以上三种定位方法，是我在实践中认为效率最高、思路最清晰的定位方法。尤其是创牌企业，在初期根据自身情况和用户需求，可以选择强竞争性的对立型定位，也可以选择主打单一功能的 USP 定位，还可以做创新品类的升维定位。

定位之道，说法很多，系统方法论也很多，但上面三种是我画出的重点，对应的是流量池思维的核心思想——快速获取流量。只有定位准确，“定”住了用户需求，这个定位才能快速立足并带来流量。

强化品牌符号（视觉篇）

你的品牌定位很好，但如何让大家迅速认识你、记住你？怎样用更少的费用，让品牌传播效果更好？减少或者停止了广告投放，大家还能记住你、想起你吗？

要想解决这些问题，需要依赖符号传播。

我认为，品牌工作的本质就是打造符号、强化符号、保护符号。

劳拉·里斯所著的《视觉锤》一书，以及华杉和华楠所著的《超级符号就是超级创意》一书，都在讨论符号传播问题。这两本书我推荐大家看看。

“视觉的锤子，语言的钉子”。好的符号主要是能够刺激人的感知系统（视觉、听觉、嗅觉、触觉等），让人产生强烈关联印象。其中，视觉和听觉又是最主要的两种符号形式，我会特别展开介绍。

好的视觉符号就是在惊鸿一瞥中能够给用户留下印象，它包含产品 LOGO、产品包装、代表品牌的传播形状和人物代言。

产品 LOGO

产品 LOGO 是品牌的视觉标志，一般分为文字 LOGO 和图形 LOGO。图形 LOGO 往往是为了强化形象记忆，与文字 LOGO 可以搭配使用。

近年来的趋势是纯文本 LOGO 越发成为主流，开始取代图形 LOGO 的位置。

文字即 LOGO，字体本身做好了就是标志，从而让品牌符号更加简洁明了。这也或多或少受到了 App 界面设计（UI）的一些观念的影响。

比如，互联网企业 Google（谷歌）、Facebook（脸谱网）、百度、LinkedIn（领英）等都使用无衬线字体设计，文字本身就是 LOGO，看上去简洁大气。

文字 LOGO 示例

中央电视台的四角星、百威啤酒的皇冠、支付宝的盾牌这些视觉 LOGO 都被简化掉了，尽量让用户所见即所得，LOGO 信息不要太多。

我也特别反对一些花哨的字体标志，因为识别度太差。你在街上看到这个品牌，可能还需要花时间去辨识，那就失去了第一眼认知的效果。所以文字设计尽量大大方方，识别度高，不要为了“艺术”“个性”而损失认知机会。

被文字 LOGO 取代的示例

缺乏识别度的文字 LOGO 示例

即使使用图形 LOGO，企业也需要在 LOGO 上做简化处理。多利用线条，图形扁平化，色彩单一，来配合现代人的审美。

比如著名的星巴克女海神，经历了多版本变化。

1971 年
星巴克在西雅图派克市场开始经营咖啡豆业

1987 年
星巴克开始供应手工调制的浓缩咖啡饮料

1992 年
星巴克成功上市

2011 年至今
星巴克已成立 40 多年，并进入新的发展阶段

星巴克 LOGO 的演变

腾讯的企鹅，作为一个动物符号，也做了瘦身。

2000年 2006年 2013年 2016年

腾讯企鹅的“瘦身”LOGO

达美乐比萨保留了经典的骰子图形，但简化成了几个圆点。

达美乐比萨 LOGO 的变化

大家看看万事达的新 LOGO，据说争议很大，网友认为不值得花 800 万美元去设计。但我觉得简化得有道理，保留了经典的、重叠的两个色彩，字体识别度也更高了。

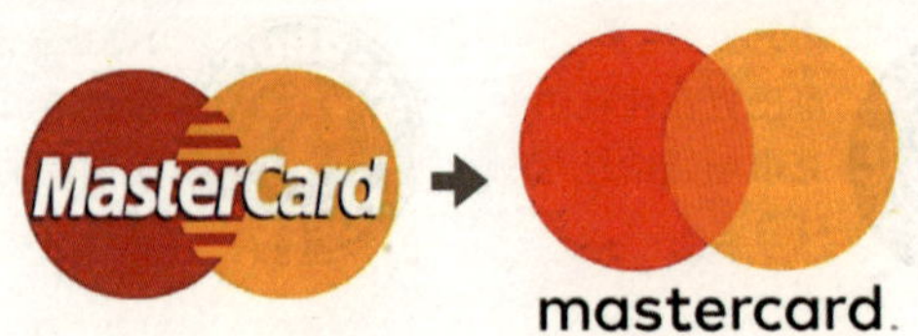

万事达 LOGO 的变化

另一个趋势是图形 LOGO 使用纯色单一色，或者至少 80% 的纯色，这样会让品牌有一个鲜明的主题色。

比如滴滴的橘色、神州的金色、摩拜的橙色、ofo 的黄色、苹果的白色、京东的红色、瓜子二手车的绿色等。要注意的是，色彩本身的调性（比如黑色的神秘、橙色的网感、金色的高贵）也会赋予品牌调性。

主题色赋予品牌调性

企业也可以主动使用色彩话题进行促销和活动，并且在创意上不断强化，这样就会形成强烈的品牌印记，甚至霸占某种色彩联想。

比如京东以快递员为形象，塑造了京东红故事系列（后文有介绍），强化了品牌符号。

产品包装

产品包装是品牌最重要的免费广告载体，而且是用户消费的最后一米，所以需要花大力气琢磨包装的视觉符号。陈列柜就那么大，如何形成“面”上的组合型视效，提亮消费者视野？单个的产品拿在手里，如何迅速打动用户？这里有很多技巧。

首先，产品的特殊造型本身就是一个强区隔符号，也就是说产品即包装。比如 iPhone 手机的造型、五粮液老酒的鼓形瓶、可口可乐的曲线瓶、葆蝶家（BV）的编织钱包、迪奥的真我（J’Adore）长颈瓶香水、阿迪达斯的椰子鞋等。这些经典造型颠覆和突破了常规造型，所以识别度很高。

造型就是产品强符号

其次，主题色的运用。和 LOGO 一样，坚持一个主题色，与形状、LOGO、辅助图形等形成一个专属个性，从而在卖场陈列上形成视觉优势面。比如，王老吉的传统红色、可口可乐的红色、雪碧的绿色、江中制药的浅绿色等。

中国白酒延续了上百年的红色、金色包装，认为这样才符合民俗喜庆，但是蓝色洋河经典依靠蓝色完全颠覆了这一传统。天之蓝、海之蓝也成为它的产品级别划分，在终端卖场的一堆红色、金色包装中脱颖而出。品牌差异化也助力洋河市场迅速破百亿元，仅次于茅台、五粮液。

洋河包装色的突围之道

最后，与产品有关联的视觉图形运用，有时候也叫辅助标识（ICON），是为了进一步增加和具象产品特点，有时候比 LOGO 本身更重要，还可能成为整个包装的核心亮点。

这一点也是很多设计创意的体现，既可能是特殊形象和纹路，也可能是色彩与文字组合。比如老干妈的陶华碧头像，增加了消费者信任与“老干妈联想”；路易·威登（LV）包的字母组合，虽然很多人吐槽，但确实成为LV的核心符号；旺仔牛奶的娃娃头，这是一个很奇妙的头像，看起来有点丑丑的、土土的，但令人印象深刻，一直用到现在。最著名的当数椰树牌椰汁，被吐槽十几年，据说是在Word（微软文字处理软件）文档上做出的设计，但这个色彩组合给人强烈的印象，陈列也很扎眼，同时传递了一种“我很丑，可我很实在”的可信感，所以不但消费者不嫌弃，还赚到了“反差萌”的欢迎。

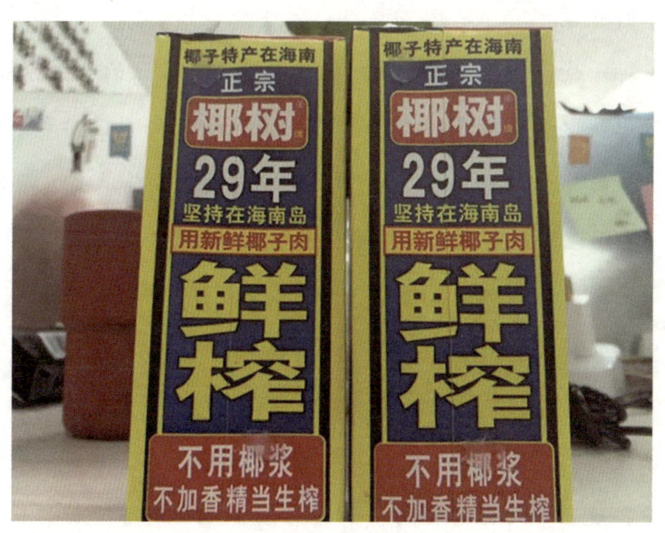

椰树牌椰汁独特的视觉感受

luckin coffee（瑞幸咖啡）是我近期参与创立的一个咖啡新零售品牌。就目前来看，产品整体的视觉包装打造确实为品牌的建立和推广提供了不小的助力。因为这个案例较为鲜活，在此提出供大家参考和讨论。

luckin coffee 被网友称为“小蓝杯”，颜色成为“视觉锤”

饱和度极高的蓝色是 luckin coffee 的品牌色，如此选择的原因有二。

一是蓝色作为波长最短的三原色，对肉眼的冲击力极强，可以快速形成抢眼的视觉锤，让 luckin coffee 的品牌和“小蓝杯”的具象，在受众心智中构成强关联，大大降低记忆成本。

二是可以和大众熟知的“星巴克绿”形成鲜明对比，也匹配全球第三次咖啡浪潮的“精品蓝”趋势，强硬地在咖啡市场中创立新符号。

除了大面积使用单色，鹿角标识图形采用了扁平化动物形象设计，辅助消费者进一步加深新品牌认知。蓝色的视觉食欲感、鹿角的夸张与活力，都潜移默化地向消费者传递出“专业、新鲜、时尚”的品牌基调。

在代言人选择上，除了要关注明星自身的流量基数，更要让明星和品牌气质相符。汤唯和张震的文艺标签已经为大众熟知，和 luckin coffee 的新职场咖啡定位吻合，让该咖啡品牌显得更为高级。

汤唯和张震代言口号：这一杯，谁不爱?

luckin coffee 一经上市，鲜明有个性的蓝色包装就受到了很多消费者的喜欢，从单调的传统咖啡红白杯中脱颖而出。在社交媒体上，luckin coffee 被网友们称为“小蓝杯”“蓝爸爸”，喝小蓝杯咖啡正在成为城市新流行。

代表品牌的传播形状

我们精简 LOGO、抢占主题色、做特殊造型包装、设计各种辅助标识图形，都是为了在千篇一律、千人一面的世界中让自己有一些与众不同，从而让消费者认识和识别你。

在传播具体物料上，形状的占有与特殊化也开始成为一种流行。

长方形宽银幕是电影的基本形状，而 2016 年，冯小刚的《我不是潘金莲》首次使用了特殊的“圆形 + 方形”组合，成为很鲜明的视觉亮点。据说这种画幅是要体现法治社会的天圆地方，不管如何解读，都给观影者留下了深刻印象。

《我不是潘金莲》剧照

天猫猫头，一直是让我略感邪恶的一个猫头形象，堪称“猫中小魔鬼”。而从 2014 年起，天猫猫头造型的广告开始成为一个又一个天猫“双 11”的标配。这种特殊的广告形状，不同标准的长方形设计，玩出了很多品牌和天猫跨界的花样设计，也让猫头形状成为一种电商流行。

这是一个经典案例。

天猫猫头的花样设计

卫龙辣条恶搞了几次自己的天猫旗舰店页面设计，如苹果风、大字报风，每一次都是小设计、大传播，带来了很多网友的关注、追捧与吐槽。这个特殊的设计形式极大地提高了卫龙的知名度，使其成为辣条的代名词。

（苹果风）　　　　（大字报风）

卫龙辣条天猫旗舰店页面设计

人物代言

从流量来讲，所有娱乐明星、体育明星都是强 IP（有产权的知识、艺术及娱乐资产），自身带有流量光环，同时给企业新品牌带来信任背书，是企业做市场符号的首选。

但一些当红明星的代言较多，容易导致形象差异化不足，消费者往往记住了明星却忘记了品牌。比如电视剧《欢乐颂》播放期间，刘涛的代言超过 10 个；而当时新起的薛之谦广告则更多。消费者能记住哪些品牌呢？

因此，企业使用明星，需要塑造这个明星与企业产品特点的强关联、强符号，尽量与他（她）的其他代言相区别。

我们在做神州买买车、神州车闪贷这两个品牌时，从成本角度考虑，只选择了王祖蓝一人。王祖蓝作为一线明星，当时同时代言饿了么，广告声量巨大。如何让王祖蓝的形象跳出，鲜明地代表买买车、车闪贷两个品牌，还让消费者不易混淆，是一个比较困难的传播命题。

解决方法是，让王祖蓝的形象进一步特色化，一个造型就代表一个品牌，在用户心智上放大不同的造型识别差异。

王祖蓝“神州买买车”造型

具体到神州买买车，我们选择了王祖蓝和日本当红明星PICO太郎一起合跳洗脑神曲*PPAP*，这支舞蹈从音乐到肢体动作都非常有记忆点。同时，PICO的一身豹纹也成为善于模仿的王祖蓝的形象标配。

“服装+*PPAP*舞蹈”与王祖蓝之前的广告形象完全不同，可以说是全新的符号打造。作品出街后大量被刷屏，仅单条视频播放就突破2000万次，在二线城市分众楼宇广告投放后，成为当地流行元素，甚至很多小孩子都学跳这支舞蹈。

王祖蓝豹纹装成为神州买买车的搭配符号。

神州车闪贷是一款汽车抵押贷款产品，用户人群分散、低频，更需要持续传播一个形象、一种声音。

王祖蓝“神州车财神”造型

经过反复讨论，我们设计了王祖蓝“现代车财神”的造型。王祖蓝头戴财神帽，身穿现代卫衣，中间有一个大大的“车”字，一手拿元宝，一手拿汽车模型，始终只喊一句口号：神州车闪贷，有车就能贷。这种造型视觉反差很大，夸张但符合王祖蓝擅长模仿的特点，也很接地气，是贷款人群都能看得懂、记得住的讨喜形式。

神州车闪贷连续使用了多种财神姿势打了近半年的分众广告，并配合地面推广、渠道分销和网络传播，仅半年时间（截至 2017 年 6 月），单月成交量就超越了 2016 年半年交易量之和。

前面讲到薛之谦，几乎所有他代言的广告都利用了他贱贱的恶搞风格，到最后也傻傻分不清他到底代言了哪个产品。倒是肯德基的 K–coffee 给薛之谦戴了一个假发套，让他进一步出位，配合几段冷笑话，宣布“K–coffee，冷冷滴上市”。这组广告令人印象深刻，薛之谦的假发套形象也强化了一个独特的视觉符号。

薛之谦之 K–coffee 广告形象

除了明星，企业家和创始人本身也越来越多地成为品牌符号之一，这除了成本低，还有一个优势就是区别性好（企业家不可能代言多家），个性独特，能够广告公关一起抓（企业家的很多语录、发布会都更偏公关传播）。代表性人物有乔布斯、扎克伯格、马云、雷军、罗永浩、陈欧、董明珠、潘石屹、周鸿祎等。

企业家（创始人）个人符号会与产品有很强的形象、气质和风格关联，让用户能够以物思人，所以需要有专门团队进行企业家形象设计，观其言、察其行，让其更准确地为品牌赋能。

如果品牌没有明星、企业家代言，那么选择员工代言也是不错的方向，尤其在服务行业，服务者凭借其真实感、专业感，通过视觉形象包装，成为企业一张鲜亮的名片。

新加坡航空的“新加坡女孩”

“最具亚洲风情”的新加坡航空，拥有国际航空业辨识度最高的新加坡女孩，身着马来纱笼服饰，笑容温婉的形象给乘客好客感与优雅感。

京东一直包装的京东红故事，就是用一系列色差构图讲述京东的红色服装送货员，展现京东物流的任劳任怨，与消费者做情感沟通。

京东红故事

神州专车的视觉符号就是“金领司机”。在以私家车车主为主的专车行业，为了强化神州的自有司机、专业形象，神州精心为司机设计了白衬衫、金领带、金色领带夹、小马甲等服装搭配，通过专业培训和 SOP（标准操作流程）管理，一批又一批的神州金领司机不仅给乘客留下了与其他竞品完全不同的专业形象，还代表神州完成了多次国家级重大会议（如 G20 峰会、达沃斯峰会、两会媒体用车等）的专车任务，成为神州“安全”落地的第一视觉符号。

视觉符号在品牌传播中是最重要的元素。绝大部分用户通过“暗中观察”“耳濡目染”来体验产品和服务，视觉符号的包装打造与长期维护，是企业品牌部门的头号工作。

神州专车“金领司机”

强化品牌符号（听觉篇）

听觉符号是视觉符号外的一大补充，主要形式有两个：口号（Slogan）与韵曲（Jingle）。

我在前文已经分析过，好的定位很容易形成好口号，也便于传播。之所以把广告语放到听觉符号部分来讲，是因为口号的念出很重要。

很多广告语因为朗朗上口，才被大家口口相传，从而形成品牌记忆。我觉得，只能看、不能说的口号太书面，还是差点儿意思。“只可意会，不可言传”代表着还不够直白、不够落地，传播会打折扣。

尤其在移动互联时代，好的广告语一定要说人话。弱化广告腔，不要说大话、空话，更不要说大家听不懂的话。

广告人有个电梯测试理论，说的是销售人员跟一个用户推销，要想象在一个缆绳突然断了的电梯里，如何在20秒下落时间内，在对方高度慌乱的情况下，把产品推销给他。

这个略显极端的理论告诉销售人员在大家都很忙、情绪普遍躁动的情况下怎么卖产品。如果不说人话，就是不好好说话，很难迅速交流成功。

脑白金的广告已经推出十几年了，而且现在也没投放了。但是“送礼就送脑白金”还是能被记住，这句口号能落地，有人气，也朗朗上口。

网易严选最近投放的广告语是“网易严选的零食好吃到哭”。这么网络化的口号以前是不可能出街的，广告人会觉得完全不体现文案功力。但现在时代变了，这种生活化的口气恰恰贴近用户的真实生活，很容易让用户关注并认可。

锤子手机有一句广告语——“漂亮得不像实力派”，很傲娇，有性格，被年轻人喜欢，并且玩出了很多延展。

OPPO手机的“充电5分钟，通话两小时”，简单直接，谁都听得懂，而且略微夸张的数据会有槽点，冲突感强。

“饿了别叫妈，叫饿了么”，魔性，洗脑，把竞品的口号甩出十条街，用户也能迅速记住。

神州专车的口号是“除了安全，什么都不会发生”，这句话其实有语病，挺“硌硬”，让人忍不住想一想，但记得住。

“瓜子二手车直卖网，没有中间商赚差价”，同样说人话，娓娓道来，无修饰，无文采，但让人感觉可信。

不好的口号也很多。基本上一些字数对称的口号（比如，绝大部分汽车广告的上下对联形式）我都不太喜欢，广告腔太浓，还停留在20世纪80年代的水平，很难在网络语言高度丰富的今天让用户感觉有趣并且记住。

“理想生活上天猫”，在文案上就没有“上天猫，就购了”更自然洒脱。

“一处水源供全球”，消费者对恒大冰泉的这个口号应该会感到莫名其妙，不知道有什么意义。

京东的“多快好省”也不是好广告语，定位是对的，但句子本身太通俗，记不住。广告投了这么多年，但估计大部分人还是不能把它与品牌联系起来。

华为的手机广告拍得都不错，但缺乏有传播力的广告语，好在品牌力足够强，公关话题多，不怎么靠广告语。

优信二手车曾经的鬼畜式口号“上上上优信二手车”，还是好记忆的。现在的“优信二手车，买的就是放心”就太普通了，明显不如瓜子二手车。

除了口号，Jingle是品牌听觉符号的另外一种形式。

Jingle在牛津词典中解释为“吸引人又易记的、简短的韵文或歌曲”，尤其在广播或电视广告的结尾部分出现。

最有名的如英特尔广告结尾，“灯，等灯等灯”，听觉识别度很强。

MOTO（摩托罗拉手机）当年广告的结尾音“Hello，MOTO”很经典，现在都能想起来。

BMW（宝马汽车）的结尾同样，雄壮的几个音符敲击声，已使用多年。

滴滴广告结尾的“滴滴一下，马上出发”，也是一种 Jingle。

Windows（微软操作系统）开机的声音，iPhone 手机的铃声，都是 Jingle。

企业可以主动在用户沟通中设置 Jingle 点，比如客服电话接通之前的等待音、服务开始时的打单声音、广告片的结尾小旋律，或者 App 里面的提示音。这些声音设置，都可以让用户对品牌产生印记。

比如神州专车，如果订车成功，会有一声清脆的“叮”，这个声音尤其在早晚高峰时让打到车的人感觉很爽。神州的产品部门曾经去掉过这个声音，结果招来一些用户投诉，后来又恢复了。

Jingle 形式短小精悍，但不走视觉寻常路，也许能成为企业突破常规传播的一个“活跃分子”。用声音唤起记忆，用声音想起品牌，值得企业在品牌落地时好好研究。

第三章

品牌广告如何做出实效

基于品牌定位，创业者很容易想到特劳特式定位的两个经典案例：一个是王老吉“怕上火”，另一个是瓜子二手车的“瓜子二手车直卖网，没有中间商赚差价”。从品牌声量来看，这两个案例都具有代表性。

每年都会有很多企业，聘请类似特劳特这样的品牌咨询机构，或者奥美、阳狮等4A级广告公司，进行品牌定位和产品包装，可能有很多品牌已经找到了差异化定位，也建立了名称、符号、卖点的系统性区隔。但是，从最终结果来讲，每年真正通过定位落地、崭露头角、取得市场成功的新品牌屈指可数、寥寥无几，更多的则是泯然众人、悄无声息。

是它们的定位不准确、广告投入不充分，还是实际执行不到位？

可能各种情况兼而有之。我常觉得，三分战略，七分执行。很多国际品牌的定位其实并没有国内新创品牌那么犀利、那么有进攻性，甚至更多偏于情感和价值观（比如成功、美好、快乐、挑战等），在我看来是很难迅速见效的，但它们坚持长期执行，也取得了巨大的收获。

而国内品牌，欠缺的可能不是定位问题，而是品牌落地执行。如何通过外在手段，真正让消费者感知、认可你的定位，从而迅速获得市场增量呢？

请注意，我用的是“迅速”二字。品牌定位再好，如果没有明确的产品支撑、准确的场景切入、实效的广告投放，那么这个定位很有可能是空中楼阁，无法支撑一线营销，带不起流量增长，最终沦为别人无法理解的“虚头巴脑”。

所以在本章，我会重点讨论品牌落地的一些战术打法。

场景：用品牌做流量的“扳机”

作为广告行业的甲方和乙方，经常能碰到一个情况：很多品牌广告投放花了不少钱，但企业增长的效果并不明显，乙方广告商觉得是投放还不够饱和，甲方会认为品牌广告就是没效果、见效慢。

原因可能是多方面的，但首先要自查一下：品牌落地，是否考虑了足够准确的营销场景。

只有在场景中跟消费者沟通，品牌才会在“正确的地方说了正确的话”，才有可能迅速带来转化。

我认为，场景营销就是让品牌这个玄而又玄的东西能够迅速接地气、带流量、出效果的关键。品牌如果是一把手枪，场景就是扣动品牌子弹的扳机。

“场景营销”也是这两年比较火爆的一个词。通俗地讲，场景营销就是为你的产品找到具体的消费环境（时间、地点、心情、状态），从而提高购买转化。

加多宝会在火锅店做促销，吃火锅就喝加多宝。在各种麻辣燥热中，让人很容易想喝一罐去火凉茶。

英国百货公司约翰·刘易斯（John Lewis）从 2007 年开始每年会推出一条高质量的圣诞节广告，在英国被视为圣诞季开始的标志。其 2015 年推出的圣诞广告《月球上的人》，在 YouTube 上的点击量超过 2000 万次。

约翰·刘易斯百货公司的圣诞节广告《月球上的人》视频截图

商家打造的“情人节”“父亲节”“6·18”“双 11”促销活动也创造了各种各样的节日消费场景，让淡季不淡，全民狂欢。

豆瓣在 2016 年上线了广告《我们的精神角落》，据说很多不使用豆瓣的人根本看不懂这些呓语式文案，这可能也是豆瓣与老用户沟通的一种心情场景。

豆瓣《我们的精神角落》海报

今天，场景营销在移动时代有了技术参与，有了数据标签，使企业可以通过大量的用户数据分析，得出用户画像和消费规律，让场景的选择更加精准、更加有效。

神州专车定位安全之后，为了在竞争中杀出一条血路，做了6个利基市场的场景细分：接送机、会务用车、带子出行、孕妇、异地出差和夜晚加班。

第一个场景是接送机。这是最关键场景，是一个核心的、神奇的场景扳机。

神州专车在场景化选择上特别强化了一些商务人士的需求场景，其中接送机最为关键。作为一个后起品牌，在挑战已经

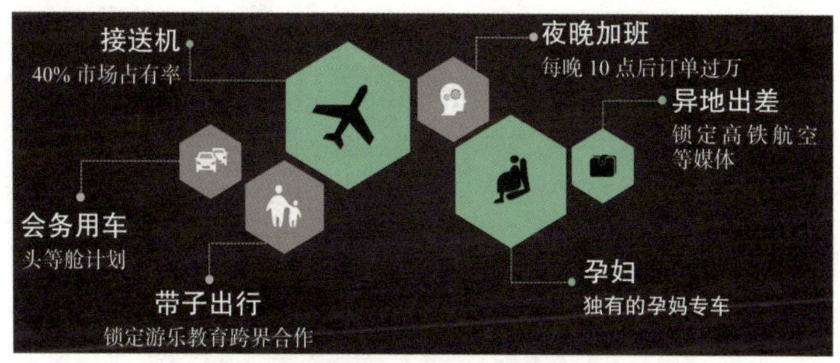

神州专车的 6 个细分市场

牢牢垄断出行市场的滴滴、优步时，并没有从早晚高峰出行切入，而是通过接送机这个窗口撬动了整个市场。

幸运的是，当时在神州的 App 上正好有一个专门的接送机按钮，这是其他任何专车 App 上都没有的（一年后它们才陆续增加）。这个按钮值得奖励产品经理 100 万元，他的这个场景意识节约了技术开发时间，直接提供了场景营销入口，简直是神来之笔！

接送机对中高端用户来说是一个中高频刚性需求，也有出行必备的安全需求。神州专车抓住这个场景，避开滴滴、优步等早晚高峰期的黄金争夺，剑走偏锋，用了两个月的时间发动两轮攻势，连续攻打接送机市场。

第一轮，神州专车主打“金色星期天，免费接送机”。连续 4 个星期日机场接送 80 元以内免费。这一轮活动开始后，神州专车的接送机订单猛增，迅速切割出接送机市场。在活动期间，全国超过 30 万用户享受了接送机服务，首周的订单量就达到 8 万。

神州专车“金色星期天，免费接送机”广告

但火力还不够猛，于是紧接着发动第二轮攻势，推出了“接送机就用神州”的千元券活动，即“新用户注册即送1000元接送机券”。

这个活动的补贴力度很大，当时非常轰动。虽然是补贴，但没有盲目补贴在日常出行上，因为接送机1000元券是20张券，有消费时间和金额限制，而且一般接送机订单金额高，所以对企业来说比常规补贴更合适。

在送千元券活动之后，神州专车每天的接送机订单超过4万单，占据当时40%以上的专车接送服务。神州专车一举成为中国接送机市场第一品牌，并通过这个窗口场景，获得了大量商务用户的尝试和认可，让它成为后起之秀，站稳了脚跟。

第二个主打场景是会务用车。神州专车在2015年就制订了“头等舱计划”，即为高端会议提供专车服务，前期通过补贴做品牌教育以扩大影响，提升品牌形象。

这个计划执行得很顺利，竞品当时忙于主战场（早晚高峰）争夺，没有跟随杀入。

今天一些忠诚度很高的商务人士和企业都会选择神州，很多是受高端会议的影响。神州用一年时间就拿下了中国绝大部分高端会议的指定用车，包括达沃斯峰会用车、乌镇互联网大会用车、G20杭州峰会用车、两会媒体记者采访用车、全球移动互联网大会（GMIC）用车等。

神州专车“G20峰会官方指定用车”广告

通过“头等舱计划”，神州专车将“高端会议用车领域唯一可选专车”这一印象植入用户心智，并且进一步推广，使神州成为很多企业领导的接送用车。这就是品牌在安全、高端形象上的又一个场景突破，并且会议用车由于单价较高，成为专车优质订单的来源之一。

第三个场景强调了夜晚加班市场，特别是女性夜晚加班市场，创造了“第三高峰”。

这个场景是大数据分析的贡献，也是属于撬动整个专车用车习惯的窗口型场景。在分析数据时我们发现，每晚8~10点是专车订单的低潮期，但神州主打安全之后，这个时间段有订单量的波动。我们在后续调查中发现，到了这个时间段，很多商务人士尤其是女性用户会选择使用神州专车出行，因为神州专车可以满足其较强的安全需求。

我们想到，如果强化夜晚加班回家场景，有可能会撬动更多写字楼商务人士的消费，所以神州专车开始锁定高端女性白领用户，强化女性夜晚加班市场。

我们在高端写字楼的电梯媒体上进行广告投放，主题叫“放心睡”，告知用户夜晚加班回家，只有在神州专车上才能安心地打个小盹儿。除了广告，又有针对性地发放了“加班限时券”（仅在晚9点后可以使用）。

在打出系列动作之后，每到晚上9~10点，后台显示数据不但没有降低，反而会出现一个新的高峰，成为早晚上下班高峰之后的“第三高峰”。

其他三个场景是孕妇、带子出行、异地出差的利基小场景。

神州专车“放心睡”广告

根据用户数据分析，下车地点为妇产医院的位置定位占有不小的比例。我们认为，如果为孕妈提供安全专车，不仅会有一部分市场（2016 年是二胎出生高峰年），也会极大地提升品牌安全形象。

于是我们开发了孕妈专用的 App 叫车入口——孕妈专车，成为中国唯一的孕妇出行专车产品。

通过孕妈专车按钮叫车，孕妇能得到司机更好的照料和控速，另外还有音乐、腰枕等。这个场景后来通过和蜜芽、美柚等孕妈软件合作，很快做到了日均 5000 单以上。

带子出行，跟进了家庭用车市场，也是主打安全牌；异地出差，切割的其实是异地用车安全的差旅市场。这些场景虽然比较小，却是品牌安全强化的好场景。

当用户有全家出行、外地出行用车需求时，安全是一个心理点，而神州专车提供第一解决方案。

以上 6 个场景，就是神州专车安全品牌落地的 6 把尖刀，使神州专车在当时竞争异常残酷的市场上杀出了血路。

我们避重就轻，抓住一个核心按钮（接送机），做好核心人群（商务人士）服务，从而让价格补贴补到了刀刃上，而不是大把撒钱，盲目跟对手正面硬拼。

通过这 6 个场景，神州专车在半年时间内获得了 1500 多万用户，继而巩固了自有壁垒，逐渐杀入早晚用车高峰市场，让品牌站稳了脚跟，扩大了市场，成为专车大战中最后的选手。

初创企业在品牌落地时可以参考神州的场景营销案例，多做利基切割，集中优势占领一个或几个关键场景，为赢得全面胜利积蓄力量。

做好品牌接触点，省下千万元广告费

顾名思义，品牌接触点是品牌和用户能够接触的地方。这些地方充满了各种用户体验的细节，是用户对产品从视觉、听觉到感觉的全方位了解。

我们投放广告的目的是抢占用户心智，给用户在记忆中提供一种选择我们的可能性。但是广告的覆盖毕竟是有限的，用户第一次接触某品牌很可能不是看到品牌的广告，而是直接看到产品本身，比如产品包装、App、服务人员等。因此，这些品牌的接触点才是真正让用户了解品牌，并对品牌形成长期依赖的关键所在。

做好品牌接触点，就是做好品牌最有效、最便宜（甚至不花钱）的广告位，是品牌落地的一个重点，能为企业省下大量广告费。

不同的产品有不同的接触点。对于快消品来说，接触点可能就是产品自身以及产品包装。包装是快消品牌和其他产品竞争时脱颖而出并引起消费者注意的重要营销阵地，比如小茗同学、茶π、农夫山泉长白山系列、百事猴王罐、可口可乐的歌词瓶、小罐茶、江小白等。

相比之下，对于服务产品的接触点就比较多了。比如餐饮行业中，菜品的造型、餐具的选择、装修的风格、服务人员的着装与话术等，都是品牌的接触点。

如果是航空公司，那么它的订票网站设计、空姐的着装与话术、机身与内舱的设计、候机楼、会员积分系统等，都是品牌接触点。我曾参与东方航空的接触点梳理，大概有30多处，都是一些用户体验细节。

移动时代，我们思考和布局接触点的逻辑，主要从线上线下的消费场景来进行排查。

例如你想买一份麦当劳快餐，那么接触点可能有4个：

- 线上购买。比如接触麦当劳App、官网，或者微信小程序。

- 线下门店。比如门店装修、购买流程、服务员 SOP。
- 产品接触。比如食品、包装等。
- 外卖接触。比如配送人员 SOP、服装、配送包装等。

这些接触点都有品牌展示和传达的机会，都是可以精心策划的。

绝大多数产品，只要有 App 或者电商平台，都可以有线上线下的不同板块接触点。

神州专车提供移动出行服务，它的品牌接触点主要分为两部分：一部分是线下的司机和车辆，另一部分是线上 App。

首先是司机 SOP 标准。

神州熟客都知道，神州司机在用户用车时是有固定话术的，比如：

- 您好，我是神州专车 × 师傅，请问您是在 ××（地点）上车吗？
- 根据导航提示，需要 ×× 分钟，您放心，我尽快。
- 您觉得温度合适吗？

除以上话术外，神州专车司机着装要求规范化，即“西装+领带”；在乘客上车前司机都会在车外等待，并主动为乘客开关车门；孕妈专车服务更有多个配套动作。

其次是车辆标准化。

神州的车辆基本以黑色商务车为主，集中在凯美瑞、帕萨特、奥迪等车型，辨识度非常高。车辆要求保持干净，前窗整洁。车内配备标准物料，比如纸抽、充电器、雨伞、工具箱等。

还有一个有趣的小细节，当司机空闲时，神州会要求司机用干抹布擦拭车窗玻璃，并优先擦拭左侧前挡风玻璃。因为根据测试，如果这个位置的玻璃很干净，用户会有心理暗示，认为整辆车都比较干净。

最后是App的UI设计标准。

不同于其他出行App，神州App选择了金色作为视觉主色调。金色并不是对比度鲜明的色彩，甚至略显土豪，但神州坚持使用其作为App主色，营造了更加高端、尊贵的视觉印象。

同时，神州在App的UI设计上也尽量扁平化、ICON化。而对主推场景，如接送机、孕妈专车等，都开发了独立按钮，让用户用起来更加方便。

如以上案例所述，品牌要选择和用户接触最多的地方发力，让定位能够点滴呈现出来，这样才能润物细无声，让用户和品牌建立最持续的依赖关系，从而实现口碑引流。

品牌战略：产品要为定位不断赋能

如前文所言，用户接触最多的是产品，用户会对产品进行优缺点评估，形成用户印象和口碑。

如果品牌定位和用户体验是一致的，那么这种口碑效应会被放大，为品牌带来各种益处。如果在产品中感受不到品牌的定位或感受不明显，那么这个定位就是无源之水，既不能被用户认可，也很难在企业内部得到认同并被发扬光大。

所以，品牌定位等同于企业的品牌战略，为产品的设计、优化和体验升级指明目标和方向。

一些企业为吸引消费者的目光，刻意制造与竞品的差异，明知自己的产品没有某些特征和优势，在品牌定位时仍强行加在自己的产品上，制造品牌光环，误导消费者。这样不但没有给消费者留下很好的印象，还破坏了企业自身的形象，降低了消费者对企业的信任度。

比如国内手机大战中被用滥的"黑科技""无边框"等词汇，产品本身还没做到，但是定位先拉大旗做虎皮，被网友戏称为是对黑科技的"侮辱"。

即使大品牌也有定位超前的失败案例。

2016年，支付宝为强化社交定位，强行进行了多次社交产品推广，最有名的一次是当年11月推出的圈子功能。据媒体报道，圈子功能根据不同人群特征"邀请进入生活圈"，包括"校园日记圈子""白领日记圈子""海外日记圈子"等。例如"校园日记圈子"，只有女大学生才可以发布动态，不能发布动态的用户可以点赞和打赏；而"白领日记圈子"则只有白领女士才可以发布动态。涌入的支付宝用户发现，刚上线的"白领日记”和“校园日记”里多数动态是通过晒靓照求打赏，有些甚至是尺度非常大的照片，还有一部分是在做广告。

鉴于此，圈子功能及其社会影响引发社会广泛关注和负面评论。随后，蚂蚁金服董事长出面道歉，并强调团队要清楚“要什么不要什么”，支付宝也迅速关闭了圈子功能。

请注意：如果是创业期产品，品牌定位务必要与产品设计同步。产品设计是确定需求和功能差异，品牌定位则是强化卖点和形象，前者是后者的基础，后者则聚焦出前者的核心优势。

产品主义至上正在成为这个时代的成功法则。“取悦自己，才可能取悦用户。”在企业里，产品经理甚至就是半个营销负责人。他们的很多用户洞察，直接反映在产品的具体设计和功能更新上，用产品为品牌定位打下了坚实基础。如果市场品牌部门能够和产品部门密切协同、相互启发，那么产品的成功率会大幅上升。

2017 年 6 月，ofo 单车与著名动画形象小黄人开展了“黄黄联手”的跨界 IP 合作，小黄人造车工厂、小黄人集卡送 77.77 元、街头免费吃香蕉等活动形成了一波又一波的刷圈级营销。而我最认可的，就是 ofo 产品部门设计出了一款“大眼车”，萌萌的造型非常受欢迎，据说这款车一投放街头就被骑行一空。

这就是产品部门和市场部门联手出击的效果，产品设计让品牌更有力，也更有趣。

> 神州专车在定位“安全”后，不仅强化了自有司机的入口招聘培训管理，还通过研发和改进，用产品为品牌定位不断强化赋能，先后推出了170虚拟电话（用户与司机相互无法看到真实号码）、OBD（车载诊断系统）、孕妈专车、无霾专车等。这些产品或功能极好地强化了专车安全，而且很多都是全球首创，获得了用户认可与市场份额。

作为企业一把手或CEO，要深刻理解“产品即品牌”的道理。产品主义是一切品牌建设的原点，在产品设计时就应该明确品牌定位，甚至开始构思如何放大品牌传播。

不甚理想的是，很多大型企业往往内部流程复杂，大企业病严重。产品部门闭门设计出产品后交给市场部门去定位和策划推广，使得品牌很难从出生那一刻就给人留下深刻的印记，既浪费了宝贵的协同效应，也诞生出很多平庸且毫无风格的品牌。

传统品牌广告如何将流量变为销量

硬广告（相对于软文、植入等软广告形式而言）目前主要有两种。

一种是基于互联网标签技术的精准广告投放（如SEM、feeds、DSP等），也就是效果广告投放。互联网广告都应该做效果广告，如果在手机上投放，还以纯品牌曝光来考核，比如一些App开屏、视频前贴等以CPM（以每千人次浏览计费）来核算的曝光型广告，我认为是有些浪费的。正如我在前文所言，能做品效合一，就绝对不做纯品牌投放，移动网络硬广告全部应是品效广告，不能浪费流量。

另外一种硬广告形式就是传统品牌广告，包括传统电视、电台和户外广告牌等。这些投放没有网络标签定向，很难追溯效果，只能进行初级的用户分析和投放分析（即使现在有一些所谓的户外广告人脸识别分析，也只是噱头）。这种非精准流量是有的，但效果模糊，代理商一般也不敢承诺效果。

传统品牌广告需要企业有投放的经验、勇气和智慧。首先，传统品牌广告效果无明显判断，投放达不到一定量可能基本无效。其次，传统品牌广告一次性花钱较多。网络广告能不断试错调整，前期测试费用只需几千元到几万元；而传统广告，比如户外站牌、分众广告、央视或卫视投放，费用基本起步就是百万元、千万元，而且分几期支付完毕，企业往往压力较大。

业内的一个普遍共识是，传统品牌广告基本只能起到告知和品牌展示作用，很难迅速出效果。“品牌是要潜移默化、不断教育的，所以做品牌就是纯做品牌”，这个共识靠谱吗？能不能修正一下？

出于投放原因，神州跟很多传统广告媒体都合作过。也因为兴趣使然，神州在分众广告上做过多次转化测试，测试命题就是：如何让传统品牌广告直接出效果？

通过尝试和测试一些不同想法、手法，以及和业内其他市场人士交流，在传统广告如何流量变销量方面，我总结出以下一些技巧和经验，仅供读者参考。

明确投放场景，素材简单直接

投放场景很关键。互联网信息流广告现在推出一个概念，叫作原生广告，意思就是广告是融入用户阅读场景的，尽量不要太像广告，不要打断用户的阅读感受，这样才容易被点击。

比如，如果你想过买一款眼镜（在京东或天猫上搜索过），那么看今日头条的时候，正好有这么一条眼镜广告很像新闻的样子夹在众多新闻中间，被你注意到，你就很容易去点击了解。

同样，你看微信朋友圈的时候，如果一条广告很像朋友发的一张生活照，还很自然地跟你打招呼，你也会关注并可能点击。

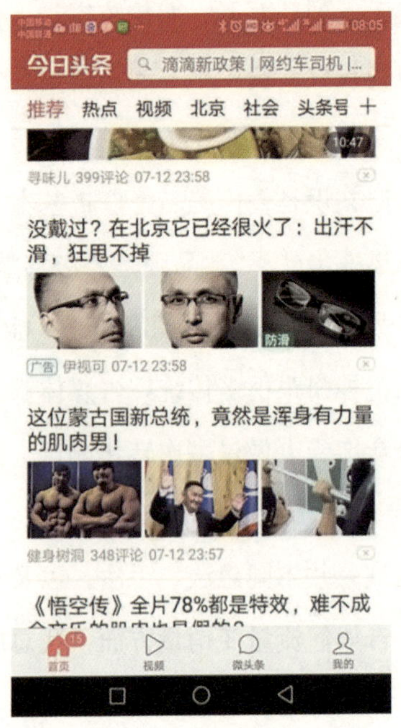

“今日头条”原生广告示例

互联网原生广告追求浸入式体验，不打断用户当时的状态和场景。这有点像变色龙的皮肤，和周边环境融为一体。

传统广告则完全相反，在一堆杂乱信息的现实世界中，必须非常硬朗、迅速地让用户看到并记住。尤其是户外广告，简单、直接、重复是很有必要的。“一瞥钟情”“一听钟情”比“一见钟情”难度更高。

不得不承认，“收礼还收脑白金”“恒源祥羊羊羊”这些广告人觉得恶俗、大众的广告词，却耳熟能详、简单上口，并被不断重复记忆。

陌陌地铁投放广告

知乎地铁投放广告

有些优美、走心的文案型广告，虽然当时有刷屏级的效果，但其实和品牌的直接关联度并不大，往往热度一过，大众很难记住，空留下一些经典文案，却没有留下品牌印记（比如泛滥的陌陌、知乎等地铁文案广告，见上页图）。

户外广告也是明确直接就好，强化品牌关联，给用户一个有力的符号或主张，比如最新的小米（“拍人更美”）、ofo（“骑起来更轻松”）和瓜子二手车（“没有中间商赚差价”）等。

小米户外投放广告

ofo 户外投放广告

作为一线城市最主要的传统广告，分众电梯广告是很多创业品牌的首选，广告属于被动式接受。电梯内外人员比较密集，而且很多用户习惯性地在这里玩手机或跟同事聊天。做分众广告，无论是电梯一楼的 LCD（液晶屏），还是电梯内的框架形式，平面素材建议应更加简单、直接。如果是 LCD 视频广告，视觉效果尽量干净，不要有情节创意，广告口号要直接，音量要稍微调大一些，便于提醒客户在等电梯时予以关注。

饿了么的广告，就是这方面的一个优秀案例。

饿了么分众广告视频截图

神州专车这张纯通告型广告（见下页图）没有拼设计，就是融入社区业主场景，简单直接，重要的事情说三遍，效果非常好。

有一些分众广告表达太绕，让用户很难一眼看懂。也许广告营销人会更关注这类广告，但普通用户是很难有兴趣的。

神州专车针对社区业主的通告型分众广告

这是某出行 App 的一组广告（见下页图），其实核心信息是“App 也能买机票了”。设计艺术水平很高，视觉精美，但在电梯空间里面放大段的故事，核心信息藏在下方小字中，真的会好吗？我估计大部分用户是获得不了“买机票”这个核心信息的。

分众广告不是微博、微信的社交海报，杜蕾斯有一些刷屏的海报确实也很隐晦，但不妨碍大家会心一笑，这个跟场景有关。微博、微信上更休闲放松，也有网友跟评解读，所以创意是有时间和空间展开的。

分众的海报一定要在快节奏的时空里把企业的核心信息直接展示出来。如果表达不清楚、画面抽象、文案太绕，那这个投放浪费很大。

某 App 分众广告投放

传统广告也要提供互动方式

前文提过广告行业里一个著名的 AIDMA 法则，指用户购买行为会分成 5 个阶段，即关注、兴趣、欲望、记忆和行动。

这 5 个阶段很经典，体现了品牌广告的转化路径，但从今天移动互联时代的营销来讲，这 5 个阶段也体现了品牌广告的弊端，就是路径太长，用户随时跳出而不转化。

企业做电商营销，对“跳出率”一词都很敏感、很关注。“跳出”是指用户在浏览首页后就关闭离开，对其他页面并无兴趣。在AIDMA法则里面，传统广告最容易在记忆、行动这两个环节跳出，因为当时场景不到位，用户不能立即行动（比如在电梯内要着急下楼、在公交站牌旁等车等），从而导致“跳出”离开，让品牌广告很难走到最后一步。

今天的用户接收到的信息量太多，如果当时当刻不能让欲望变成行动，那么一两天之后可能就会淡忘、放弃或变得更理性。这是传统品牌广告的一大痛点，很难彻底解决。所以广告代理商给甲方的建议，通常是多投组合广告、强化记忆、拉长用户的记忆时间，使其可能在终端购买时最终行动。

这并不是好的解决办法。

在没有根治的方法之下，只能在当前品牌广告中增加互动方式，尽可能保留、转化用户，增加品牌与用户下一次接触的机会。这里可以利用我推荐的“传统广告4件套”：强化客服电话、放置二维码、推荐关注微信、给出百度搜索关键词。这4种手段都是为了让用户尽量能够记忆品牌，或者当时当刻和品牌建立联系。

有没有互动方式，有没有好的位置摆放，都会让效果完全不同。

下图从左至右是神州车闪贷从创立到成形的4次分众广告投放画面，都是神州团队和台湾奥美一起做的创意和设计，也加入了多次测试，目标就是广告投放后能够有更多业务电话呼入量。

（第一版）

（第二版）

（第三版）

（第四版）

神州车闪贷的分众广告优化

第一版是汽车龙卷风。画面漂亮，但呼入量每天不到100个。

第二版使用了3B原则（baby、beauty、beast三个单词首字母的缩写，是广告吸睛的著名手法），画面俗气接地气，呼入量增加了30%多，但感觉还是不到位，CPS很高。

第三版开始大量做简化，强化符号记忆，即车财神。第三版最大的改变是强化了电话号码，放到了主广告语上方。请注意，这个小小的改变让电话呼入量增加了140%。画面简洁、信息直接、电话明显，让这一版广告成为即时有效广告。

第四版是基本成熟版。请注意它的细节变化。第一，使用了王祖蓝替代卡通形象，名人IP显然更吸引关注。第二，也是最关键的，就是将以往啰啰唆唆的几个核心卖点变成下方3个ICON：2小时、50万、0.49%。所见即所得，更加简洁突出。第三，提高了二维码的位置，即在画面右上方。

这一版带来的留资量在前一版基础上提升了多少呢？300%多。原因在于不仅有明星效应，更主要的是用户一眼就能看到卖点。

请注意，因为二维码的位置提高，这一版广告投放后扫码留资量大幅提升，甚至超过了电话呼入量。

这版广告让我们对分众的快速效果转化有了更多认识。品牌广告上一定要有互动方式，并且放在醒目位置。用户都很忙，你放上了哪种互动方式，他就会优先选择哪种方式。

有一些产品广告主动提供搜索关键词，也是很聪明的方式。京东和天猫还提供类似“天合计划”等广告互换形式，即你在海报上使用天猫搜索框，可获得天猫给予的一定的流量位置补偿。

在互动形式上，我不太建议留二维码去下载App。分众电梯里信号一般很差，让用户去扫描一个几十兆的App，成功率很低，建议关注微信或微信小程序即可。

对于户外广告的选择，我常说一句话："流动的人看不动的媒体，不动的人看流动的媒体。"人和媒体必须得有一个是静态的，这样效果才会好。想想你身边的广告形式，如果人在流动，媒体也在流动，那么什么互动信息都留不下来，效果能好吗？比如在人流量很大的地方放置液晶大屏广告，还有那些在大街上来来往往的车身广告，看起来很热闹，其实人和广告都在流动，信息基本驻留不下来，用户也是走马观花。

多用产品活动带品牌，品牌广告也可带上促销信息

还有一招可以提高传统广告的效果，就是"产品活动+促销福利信息"。即使是纯打形象的品牌广告，也可以实现品效合一。毕竟打一周全国分众广告的价格是500万元起，我们能多带一点促销信息，就不要轻易放弃。

我最喜欢的广告打法是用产品带品牌，而不是品牌带产品。任何品牌的特点都是可以用一个具象的产品来说明和展示的。打产品广告的好处，就是更直接、更利于促销、更易激起消费者的购买欲望。

产品带品牌，不仅仅是在画面中心主要放产品和活动，也可以把品牌背书作为重要支持点，以ICON的方式进行辅助展现。

福利（促销、补贴）在所有的商业转化行为中都是不可或缺的，是4P（即产品、价格、渠道、促销）营销理论中至关重要的一

环。只用品牌溢价，就能带来源源不断的市场增长，是很多营销人的美好想法，但是更多时候，我们要考虑的创意其实是促销和价格组合的创意。

这张神州租车的分众海报，就是明显提升业务量的好海报。在设计它之前有过一张样稿，主题是“大品牌，放心租”，画面中心讲的是神州租车的行业地位和保障措施，把产品促销信息放到了下方。

经过讨论，我们决定放弃这一样稿，改成把产品核心信息放到主画面，把品牌背书信息放到下方，整体对调了一下。

（之前） （之后）

神州租车分众海报的前后设计对比

产品核心信息我们讲了两点："万辆新车驾到，仅69元起租"。

为什么呢？在消费者调研中神州发现，最直接激发用户租车的点，一个是价格，另一个是车况（是否为新车）。如果把这两个强有力的卖点放到品牌下方，就是浪费。从租车决策的逻辑来看，价格和车况首先得吸引用户，让用户产生兴趣，他才会进一步考虑你的品牌和保障。如果没有激发需求，仅仅说自己的品牌好、有实力，是很难迅速实现转化的。

这张海报投放后，短期内租车业务量有明显提升。

我认为，品牌在创牌阶段，确实可以多打一些纯形象广告，提出鲜明的消费主张（比如神州专车创牌时就是主打安全形象），让用户知道你、认可你。待品牌有了知名度以后，就可以多用产品活动带品牌，让品牌在产品和活动中变得更加丰满、落地、有血有肉。

比如瓜子二手车，就纯品牌广告而言，我觉得它的定位好、口号直率，分众媒体也选择得准。但值得商榷的是瓜子分众广告打得太饱和，砸那么多钱，两年时间都在打形象广告，是否太浪费呢？

个人建议瓜子二手车第一年可以强打"没有中间商赚差价"，和优信、人人车形成形象区隔。到第二年，其实用户都知道你了，就可以用"瓜子直卖节""瓜子本月直卖排行榜"等产品和活动创意，来强化自己的定位，让用户不会对持续叫卖广告产生审美疲劳。当然，如果企业觉得还没喊到位，可以在海报设计上始终把品牌主张、口号放在辅助位置，保持信息露出即可。

由于传统媒体的价格较高，精准性又差，如果使用传统媒体只打纯品牌广告，我感觉是比较浪费的，除非企业有重大公告（比如换标），或者是偏服务型企业（比如航空业、出行业等）。否则，能够以产品为主、活动为主，就不要以纯形象为主，可以把品牌作为下方背书，对产品购买形成支持。

广告投放同步事件营销，避免墙纸效应

提高传统广告转化的最后一招，是让广告公关化，有话题性，甚至有大众参与。

很多广告从投放到结束撤出都是默默无闻的，在用户头脑中形成不了太深刻的记忆。这种广告存在比例是很大的，我把它们称为“墙纸型广告”，即它们虽然就在你的身边，但你就像忽略墙纸一样忽略了它们。

那怎么办呢？

一种思路，当然是让你的广告创意更加出彩、出位。无论画面还是文案，都更加吸引眼球、与众不同，如果能激发用户拍照或讨论则更好。这样的广告还是很多的，比如蚂蜂窝这组分众广告就比较有趣、好玩儿。

蚂蜂窝分众广告

联想 17TV 的镜子异型分众广告（电视屏幕其实是一块反光镜），吸引用户自拍分享。

联想 17TV 镜子异型分众广告

除了广告创意本身，另一种思路就是广告公关化，配合广告制造公关话题、营销事件，让用户因为事件继而发现身边的广告，避免墙纸效应，甚至弥补广告的不足。

前面提到的某出行 App 广告，海报设计本身是不够清晰的，讨论量较少，核心信息（卖机票）也不突出，但是企业整合得很不错。广告投放期间，联合公众号“新世相”发动了一场著名事件营销“逃离北上广”，号召各地年轻人 24 小时内到机场，获得一张免费的、临时的机票，逃离北上广，来一场自由旅行。

“逃离北上广”品牌联合活动

这个活动抓住了用户情绪，从而大获成功，迅速刷爆朋友圈，并且增加了公众对它分众广告的关注，讨论量也随即迅速上升。

神州专车在确定“安全”定位后，打出了一系列“我怕，拒绝黑专车”的教育型广告，呼吁用户注意打车安全。这个广告投放分众、地铁之后效果一般，很多用户觉得神州有小题大做的嫌疑。

然而实际上，专车发生的安全事故与案件越来越多，并非商家夸大其词，神州希望消费者能够对此提高关注和重视。于是，在2015年6月，神州专车制造了一个可以说是震惊全国、争议极大的事件营销案例——Beat U。

我们邀请了多位当红明星，对当时最火爆的优步开炮，直接质疑对方的专车模式不安全，并指出其传递的“车内社交”对用户是一种伤害。

由于神州刚刚起步，没有什么知名度，以弱小地位挑战全球领导品牌，这个行为立即引发了大量关注和讨论，相关话题直接成为当天微博热门排行榜第一位，并被大量媒体报道。也有很多优步“粉丝”在神州的微博上围攻谩骂，而更多的人是抱着看热闹的心理。但是在一系列一边倒的“讨伐神州”文章被推出之后，理性的思考和声音开始出现。一些就事件讨论专车安全的KOL和大号文章陆续自发出现，如“神州的姿势也许不对，但神州的观点很正”；一些网友和文章的态度开始反转，继而，神州投放在地铁、分众上的广告也终于被大家发现，专车安全开始被很多理性用户关注。

当晚，我们进行了道歉和发券，一分钟之内微信道歉文章阅读量破 10 万，领券量最终突破 60 万。经此一役，神州专车在应用商店中的排名由之前旅游类分类 30 多位上升到第 8 位，总榜由第 150 位上升到第 61 位，月下载量环比增长 3 倍。神州专车的安全定位开始被用户认知和认可，并且迅速与滴滴、优步形成了三强鼎立之势。

这种做法，在互联网行业实际比较普遍（就在我写作本书期间，ofo 和摩拜又撕上了）。“王老吉和加多宝打架，死的是和其正”，业内趣谈实际也是真实情况，往往吵架的两家彼此心照不宣，吵架作秀追求双赢，用户往往也乐见其成。神州专车在初创期通过“Beat U”一夜成名，后续也有很多品牌模仿，但这种营销也是把双刃剑，企业如果没有明确的、对消费者有益的定位主张，还是尽量慎用。

商场如战场，既然有竞争对立型定位，肯定也需要竞争对比型广告。当然，如何优雅且巧妙地使用竞争对比型广告或公关，还是很值得营销人琢磨的，全球这方面的案例也很多（麦当劳与汉堡王、优步与 Lyft、百事可乐与可口可乐等）。

有趣的是，2016 年，优步要退出中国时，神州专车在“Love U”营销案例中（后面章节将讲到）表达了对优步的尊敬，以及对优步“不打不相识，且行且珍惜”的复杂情感。

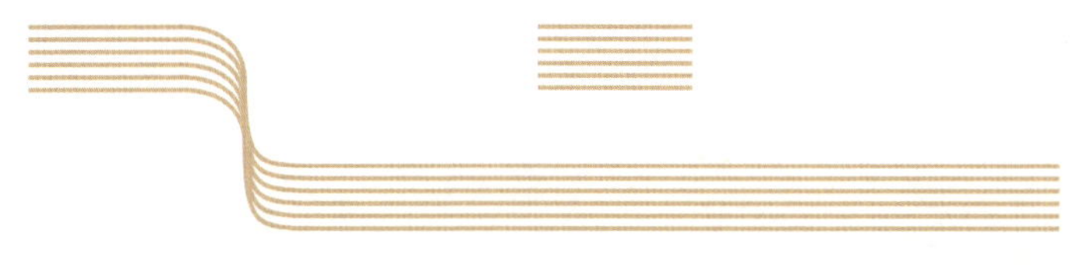

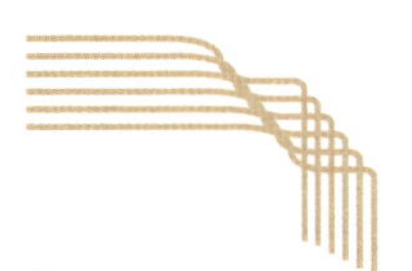

第四章

裂变营销：最低成本的获客之道

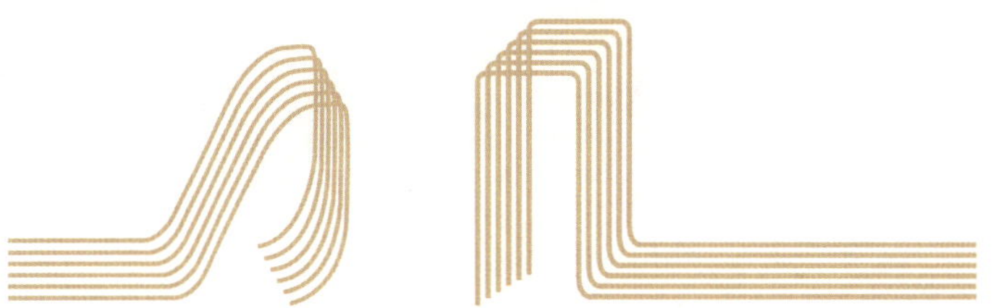

在讲完品牌、定位、广告等获取流量的传统方式之后，这一章将针对移动互联网的特色引流方式“裂变”展开阐述。

先讲一个刚刚发生的故事。我所操盘的 luckin coffee 营销第一仗最近启动了。虽然这是一杯典型的网络新零售咖啡（App 下单，可自提可外卖，高品质咖啡），但由于获客第一步是 App 下载，推广难度还是不小的。你想想，谁会为了喝一杯咖啡下一个 10 多兆的 App？

在内部讨论时，luckin coffee 的 CEO 问我：“你认为最重要的 App 获客方式会是什么？”我毫不犹豫地回答：“裂变拉新。”

是的，相比于传统广告的品牌曝光、饱和式投放、内容营销、公关事件等手段，我心里清楚，咖啡作为一种典型的社交饮品，将大部分广告费用拿来作为用户补贴，激发老用户分享好友拉新，将是最核心的获客手段。

事实也证明如此。2018 年 1 月 5 日，我们正式上线拉新赠杯活动，当天新增用户注册量环比翻番，订单环比增长了 40%，而且相比于之前精准的微信 LBS 商圈定投，该形式获客成本大幅度降低

（下文有案例分析）。

神奇的裂变！

不夸张地说，今天一个企业如果没有太多预算做广告并投放到媒体，我不会特别在意，但如果它的 App 或者微信中没有裂变营销，那是不可接受的。

社交流量：移动互联网上最重要的免费流量

移动互联网时代最贵的是什么？是流量吗？是，也不是。流量只是结果，移动互联网时代最贵的是用户关系和关系链。

人是社会中的个体，离不开各种人际交往，而移动互联网让这种人际关系变得更紧密、更具交互性。在复杂的人际交往中，信息的流动构成了源源不断的流量，这些流量对企业而言就是巨大的、可发掘的金矿。

我们知道，腾讯之所以能够稳坐互联网三巨头之一的位置，靠的不是工具应用的垄断，而是通过 QQ、微信等社交产品，打通和绑定用户关系链。这种绑定带来的最大的商业价值，就是不需要通过传统的广告和营销模式去告知用户，只需要通过充分的“社交挑逗”（我喜欢用这个词）就能让用户追随朋友的喜好，比如“你的朋友正在干吗，你要不要跟他一起来？”，从而去接受一个新鲜产品（想想很多人是怎么开始玩《王者荣耀》的）。

关系链成本是锁定用户行为和忠诚度的一个指标，如果没有社交关系的绑定，很多功能强大的产品就很容易被用户放弃，而注入了社交因素的产品，使用频次会明显增多，口碑推荐会提高用户信任，消费购买完毕朋友间还可以相互比较。而当用户要放弃产品时，也要慎重考虑脱离圈子的影响。你可以很轻易地离开一个书店或者商场，却很难轻易地离开一个朋友和一个朋友圈。

社交关系链是任何企业、任何产品在移动互联网上最强大的护城河。低成本社交流量的获取关键就在于社交关系链的打通。企业要想办法持续输出内容来刺激用户，使其从用户转为“粉丝”，再主动将企业的品牌或产品信息传播出去，成为企业在移动互联网时代网状用户结构中的重要连接点。

以上就是裂变的理论基础。

今天的企业，一定要善于借助社交平台（微信公众号、微信群、朋友圈）的力量，在内容和福利的驱动下，触发用户身边的连接点，进而将用户的整个关系网络打通。当企业自有用户流量达到一定量级时，裂变的效果也就喷薄而出。

AARRR：从拉新到裂变

AARRR是近几年兴起的增长黑客中提到的App运营增长模型。AARRR分别是指：获取用户（acquisition）、提高活跃度（activation）、提高留存率（retention）、收入获取变现（revenue）、自传播（refer）。

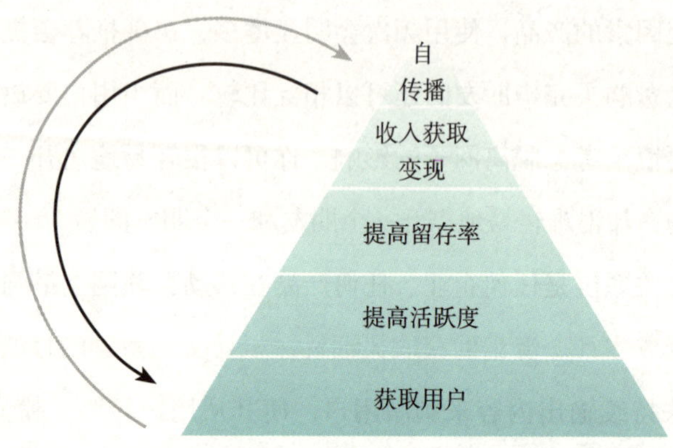

App 推广运营的 AARRR 模式

AARRR 模型不仅适用于 App，企业在营销的过程中也可以按照这 5 步来检验营销效果。

第一步，获取用户

获取用户是运营一款应用的第一步，所有企业建立品牌、推广、营销的目的都是获客拉新。

第二步，提高活跃度

很多用户第一次使用产品的场景其实很被动。有些品牌，用户可能只用一次就离开了，那么这个用户就没有成为产品真正的用户。究其原因，有可能是注册流程太烦琐，或者产品功能同质化，或者产品没有达到用户的期望值而且不能满足其需求，抑或第一次使用完全是利益驱动。

种种原因都能影响到用户后续的体验和消费。但显而易见的是，一个用户在 App 中的活跃频次，决定了该用户是不是此产品的真正用户。所以企业要通过运营或者有趣的营销手段，快速提高用户的消费频次，将初次用户转化成忠实用户。

第三步，提高留存率

“用户来得快，走得也快”是企业产品面临的另一大难题。在当下，一个产品获客 100 人能够留存 10% 就已经很厉害了，如果能留存二三十人，那就是爆品。用户来了之后，用完你的产品就走了，这是一个很不好的现象，证明你的产品用户体验不太好。更糟糕的情况是，你的产品教育了市场，说明用户知道了市场还有你这样的产品，一旦他们发现更好的竞争对手的产品，就会投奔到竞争对手那儿，等于你帮竞争对手打了广告。

第四步，收入获取变现

变现是产品最核心的部分，也是企业最关心的部分。

有些互联网产品前期采用补贴策略，获取收入很少甚至无收入（比如共享单车）。产品本身就能获取一些收入，让企业盈利为正，这是企业希望达到的理想状态。而收入直接或间接来自用户，所以前三个步骤是应用获取收入的基础，只有付费用户多了，或者补贴减少，收入才可能实现规模化正向盈利。

第五步，自传播

自传播这一环节在社交网络兴起的当下至关重要。如果用户觉得好玩儿、有趣，或者有利益驱动，就会自发性地将产品分享到社交媒体中。然后，通过老用户找新用户，产品获得更大的扩散。自传播也就是产品的流量裂变。

自传播的核心是，产品本身是否真正满足了用户的需求且产生了价值。从自传播到获取新用户，产品形成了一个螺旋式的上升轨道，用户群体可能会产生爆发式的增长。

可以看出，在 AARRR 模型中，获取用户就是流量入口，提高活跃度就是惊喜时刻，提高留存率就是产品价值，收入获取变现是单位价值，而自传播就是放大传播效应。

从以上营销的角度来解读 AARRR 模型，我认为有三点尤其重要。

第一，获得第一批种子用户。只有有了第一批用户，才可能完成后续其他行为。尤其是本章推荐的裂变营销，其实质是用老用户带新用户，所以第一批用户非常关键，是营销的基础。

第二，提高留存率。想要提高留存率，在网络营销中可以不断试验，这是增长黑客和传统市场营销的本质区别。增长黑客提出的 A/B 测试、MVT（最小化测试）都是为了提高留存转化率。当然，社交关系链也是提高留存率的重要手段之一。

例如，Facebook 早期发现用户流失非常严重，为了避免用户流失进一步扩大，Facebook 在注销流程后面新增了一个页面。当用户要离开的时候，系统会读出好友列表中互动最亲密的 5 个人，询问："你真的确定要离开吗？"很多本来要注销的用户担心再也见不到这些朋友，看不到他们的状态，心一软就留下了。这个页面上线后，在没花一分钱的情况下，一年之内为 Facebook 减少了 2% 的损失，留下了 300 万用户。

第三，裂变，也就是老用户如何通过技术手段，将应用产品病毒式推荐给新用户。这是本章讲述的重点。

增长黑客会取代市场总监吗?

由于裂变型增长更多地采用技术和数据来驱动，也让增长黑客的概念在近两年很流行。有必要在这里做一个知识补充。

增长黑客的概念最早起源于美国硅谷。2010 年，肖恩 · 埃利斯在自己的博客上首次提出了“增长黑客”的概念，他也被称为“增长黑客之父”。肖恩对增长黑客有一个有趣的定义：增长黑客的唯一使命就是增长，因为公司的估值是与增长息息相关的，增长是所有公司的核心指针。在“技术控”眼里，品牌、创意、媒介、公关等这些传统市场手段是效率并不高的增长方式，甚至需要被增长黑客所取代。

近几年，增长黑客这个概念从美国延伸到中国，并且在国内十分火热，很大一个原因在于，现今国内的公司获取流量的压力太大，同时市场遇冷，导致竞争增强，传统营销方式收效甚微。每个企业都希望在各个环节提升效率，而不论是工程效率、金钱效率还是用户获取效率，增长黑客都能带来低成本、快速的提高。

同时，越来越多的企业不仅关注获客，也开始关注用户的整个生命周期，开始通过数据驱动的方法，不断地对产品进行迭代。这些都是导致增长可能成为新一代营销命题的重要原因。

2017 年 3 月，可口可乐宣布取消设立 24 年之久的 CMO 一职，取而代之的是一个新角色——首席增长官（Chief Growth Officer）。可口可乐的整体战略也向“以增长为导向，以消费者为中心”持续转型。

增设首席增长官并非可口可乐一家公司的特例。高露洁、亿滋等快消品巨头都聘请了首席增长官，以实现品牌的快速增长，提升增长在品牌战略中的地位。

这一现象的背后，带来的一个明显趋势是 AdTech 和 MarTech 的对决。

AdTech 从字面上理解就是把广告和品牌内容送达消费者的技术和手段。在 AdTech 中，付费媒介、网页广告、SEM 付费搜索、原生广告、程序化购买、DSP 等都是经常使用的方式。

MarTech 主要是指利用即时服务、优化消费者体验流程、优化顾客转化技术等技术手段，借助大数据标签、客户关系管理、营销自动化等管理系统而实现的技术化营销。

AdTech 比较像营销人员的“外功”，有预算和出街创意就能实现；而 MarTech 更像“内功”，可以为企业数字化转型和商业转型提供整体解决方案。

现实情况是，MarTech 在增长驱动和获客成本上明显要优于 AdTech，也越来越成为企业的核心增长手段。

我曾参加国内的 GrowingIO（一家数据分析公司）增长大会，作为一个营销人，在场下听到一帮程序员在台上的用词，居然也有

“创意”“热点”“事件营销”“自媒体”等，确实很有感慨。黑客增长与营销的边界正在模糊，甚至对传统的营销观念正产生巨大的冲击。

但在这样的趋势下，回到我们最开始的问题：增长黑客真的会取代市场总监吗？

我的答案是，不会代替，但会融合。新一代市场总监一定要突破原有的营销知识短板，掌握更多的产品、技术、数据等驱动增长手段，而增长黑客也会成为企业市场核心组织，成为与传统品牌、外部广告等共同存在的“三极”之一。

初创公司没有庞大资金来选择优质的推广渠道以及头部内容合作，在这样的情况下可依靠大数据驱动和增长黑客，使之成为助力增长机制。

成熟品牌虽然有了市场份额和大批忠诚用户，但仍将面对持续增长的难题。用市场团队补充增长黑客团队，通过技术和数据的方式，来指导营销广告、创意、投放，也很有必要。

我们看到，无论是传统市场部门还是增长黑客技术部门，必然的趋势都是：企业要想实现流量获取和变现，就必须从自身流量出发寻找控制变量的方法，以存量找增量，以精细化运营获取更多的增长结果。

下面讲到的裂变营销，就是市场营销与增长黑客结合的最典型营销手段。

裂变营销：用 1 个老用户找来 5 个新用户

裂变是什么?

《道德经》讲“道生一，一生二，二生三，三生万物”，指的是万物生长的裂变过程。而裂变营销，也是这个含义。从运营的角度，裂变营销也符合 AARRR 模型，是其中的最后一环——自传播。

传播个体通过社交分享（奖励、福利、趣味内容等），帮助企业进行拉新运营，以达到一个老用户带来多个新用户的增长目标。

在裂变营销中，最想实现的结果只有一个——最低成本、最大限度的获客增长。虽然传统的市场营销人员也会关注增长，但和我们强调利用增长黑客的技术手段实现的增长有着本质区别，即是否能在“去广告化”的情况下实现获客。

众所周知，在社交媒体发展不完全的时代，企业要想获得市场声量，最主要的手段就是打广告。广告的成本有两部分：第一，创意制作成本；第二，媒体投放成本。绝大多数情况下，企业在制定创意策略和投放策略时，凭借的仍然是市场营销团队的经验。这种对团队经验的依赖，让创意和投放都可能是一锤子买卖，试错能力差，失败成本高，令企业的获客增长存在着巨大的不确定性。

与之不同的是，我们强调用增长黑客的技术手段实现的裂变营销，会大大降低广告的不确定性。

与传统营销相比，裂变营销的不同之处有两点。

第一，强调分享。即必须通过老用户的分享行为带来新用户。这样成本最低、获客最广。

裂变营销如何实现裂变

在微信、微博等社交 App 诞生并且成为主流应用后，分享平台和技术手段已经不是障碍，如何让用户分享才是关键，而福利设计和裂变创意是主要解决手段。

第二，后付奖励。将原来事前拉新获客的广告费用，分解成老用户推荐的奖励费用与新用户注册的奖励费用，即：

广告成本 = 老用户拉新奖励 + 新用户注册奖励

而这些奖励通常都采取后付模式，用户只有注册或完成行为之后才能获得奖励，从而降低了企业的广告投放风险。

根据以上两点，增长黑客的主要任务就是以数据驱动营销决策，在维持住企业原有用户使用习惯、活跃度的同时，通过技术手段反复测试以提高分享率，并不断对新生用户产生刺激，将广告费用奖励给用户，贯彻增长目标，为企业带来利润。

这种革命性的营销思维有很多优点。

第一，不断更新，快速试错，找出用户活跃度的关键点，提升分享率。

第二，使用技术手段，减少创意成本，降低广告投放成本。

第三，把广告费奖励给客户，刺激用户更广泛地分享。

总之，通过技术实现的裂变增长，对很多高频低客单价的行业来说，是一种性价比非常高的拉新推广手段。如果配合精准的裂变渠道，其拉新成本会大大低于传统拉新成本。还要再补充一点的是，这种拉新流量是基于社交信任关系的拉新流量，转化率以及留存率也超出传统拉新渠道很多。

2017年是肯德基进入中国30周年，他们做了一个“经典美味价格回归1987年”的活动，即把两款经典产品调整回30年前的价格，回馈用户。参与者只需要通过微信或者官方App成为肯德基会员，在餐厅内凭券即可购买一份2.5元的吮指原味鸡和一份0.8元的土豆泥。

这个活动本身并没有多少新意，但创新的是广告推广方式：采用裂变手段，通过品牌自身媒体（微信公众号、官方App、支付宝平台）发放优惠券，在限定时间内仅供会员使用。由于会员数量巨大，又是通过社交平台分享，活动推出36小时后微信指数即突破1000万。整个活动期间，社交媒体的总体声量超过9100万。

当然，这只是一个初级裂变案例，主动诱发分享的基因还不够强烈。下面我们会用大量详细案例来剖析各类裂变技巧。

裂变技巧一：App 裂变

我们首先说的是 App 裂变。

App 裂变的玩法主要包括拉新奖励、裂变红包、IP 裂变、储值裂变、个体福利裂变、团购裂变 6 种形式。

方式一：拉新奖励

用老客户带来新客户，是流量裂变的本质。福利刺激、趣味吸引、价值共鸣都是常用的手段，但见效最快的仍然是拉新奖励。

拉新奖励，就是企业确定老用户带来新用户给予双方的奖励政策，这一般是 App 标配的裂变玩法。神州专车的新增用户中，靠这个方式带来的新用户至少占 70%。

> 神州专车在 App 页面长期设有“邀请有礼”活动。活动机制很简单：邀请一个好友，好友注册并首乘之后，神州就会送给老用户三张 20 元的专车券作为奖励，多邀多得。这样就能激发老用户的参与度，自发为品牌寻找新用户，加速用户数量的整体增长，也能为企业品牌获得在朋友圈中长期露出的宣传。

这种利益的驱动虽然没有什么创意，只是纯粹基于技术裂变的拉新手段，但是这个手段却能为企业带来持久、有效的转化效果。

神州专车“邀请有礼”活动

方式二：裂变红包

裂变红包属于群体性裂变形式，很常见，操作也很简单。用户在结束一次消费行为之后，收到的红包可以分享给好友。这个红包可以被多次分享，也可以自己领取。

不论是从利益的角度还是内容炫耀的层面来看，这种裂变红包

饿了么 App 裂变红包界面

都是用户愿意分享的，可以让更多的人在得到优惠的同时为产品和品牌自发宣传。美团、饿了么等很多 App 都会使用这种裂变红包。

裂变红包的裂变规则是裂变系统的关键，也是裂变真正能够发生的关键。要根据用户的兴趣、习惯以及企业投入产出比测算来制定出最合理的规则，才能将裂变玩出彩。其主要的玩法包括：分享可得规则玩法、二级复利规则玩法（下文会讲到）、集卡可得规则玩法（如支付宝春节集五福），以及注册、下载、购买可得福袋规则玩法等。

社交咖啡连咖啡（Coffee Box）的福袋分享就是订单生成后红包裂变的一种。

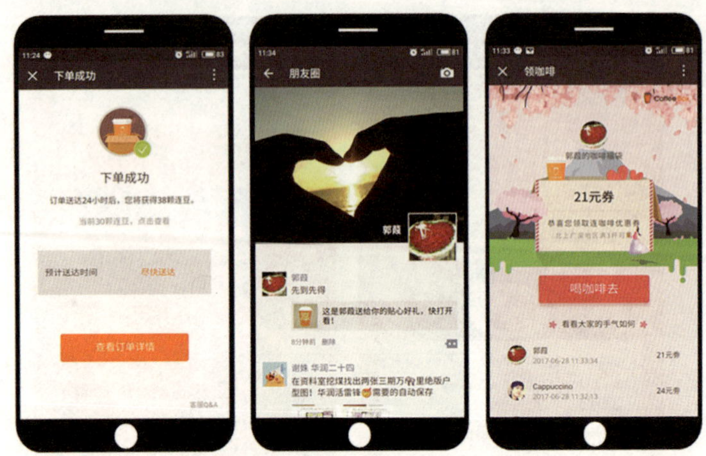

连咖啡的福袋分享裂变红包

连咖啡利用福利丰富的满减券、优惠券、咖啡兑换券、连豆积分等形式，大力度的福利政策（每次购买分享的福袋分享后可由20人领取，其中包含4张免费咖啡券，且根据用户微信ID都会给到未注册用户，从而实现拉新），几乎保证了100%的分享率，神秘人领券也对分享的可玩性有所提升。这种大力度的福利核销，比较适用于前期快速积累种子用户，在相对短的时间里形成口碑热度。

裂变红包基本也是App的标配玩法，但是随着各商家都高度同质化，创意欠缺精美，福利优惠越来越少（比如团购App的优惠券从几元降到几分），导致越来越多的用户开始审美疲劳，不太愿意分享裂变红包。

因此，企业需要通过一些方式进行改进，让红包变得既有趣又好玩儿。

神州专车的“花式发券”，就把裂变红包与BD部门的IP资源结合起来做，将普通裂变红包改进成“裂变+IP”的玩法。

方式三：IP 裂变

IP裂变是裂变红包的升级玩法。

以神州为例，他们通过流量合作换取到大量免费影视IP资源，比如IMAX（巨幕电影）全球顶级电影的免费宣传播放资源、爱奇艺的热门影视剧新片资源等。然后用影视海报、明星形象等设计裂变红包的分享页面，让用户把红包分享出去的时候更像是在分享一个近期有趣的影视内容，降低了领补贴的目的性。

神州结合各种热播影视剧的 IP 裂变页面

在神州专车长期的 IP 裂变中，电影《鬼吹灯之寻龙诀》的裂变效果做得最好，红包使用了舒淇的形象裂变——摸金校尉“舒淇送你专车券”。

仅凭这一次裂变，神州专车就收获了近 40 万新增用户。在整个推广过程中，其实也没有太多复杂的创意。很多人就是因为喜欢看《鬼吹灯之寻龙诀》这部电影，看到“舒淇送你专车券”红包页面，觉得设计得很精美，创意还不错，又能领取补贴，就分享到了朋友圈。朋友圈里的人如果看过这部电影或对这部电影感兴趣，就会自发分享领券，然后下载专车 App 使用。

在整个裂变过程中，分享、下载、转化的效果要远远高于纯创意性的内容传播，这就是“技术 + 创意”的裂变形式。

电视剧《太阳的后裔》热播时，神州还拿到了版权海报授权，迅速上线了宋仲基和宋慧乔的 IP 裂变，效果也非常好，分享次数比日常增加了 40% 以上。

通过 IP 裂变红包，神州专车在高峰时期每天有超过 7 万次的分享，能带来 2 万 ~3 万的新增注册用户。在新用户注册之后，神州会通过触发短信再发放邀请提醒，加速最终的营销转化。

方式四：储值裂变

储值裂变其实是信用卡主副卡概念的一种移动端玩法，目的不仅是老用户拉新，还能提高用户消费频次。

神州专车的亲情账户就是一个很好的例子。

2016 年，神州专车做了多次大力度充返活动，激发了用户在专车账户中的充值行为，但是用户自己的乘坐次数毕竟是有限的，账户储值额很高。为了鼓励用户更多乘坐，提速储值消耗，神州开创了一种新型裂变——亲情账户。

这是类似信用卡主副卡、淘宝亲密付的程序，主用户只要绑定家人、朋友的手机号码，对方就可以使用主用户的账户叫车、支付，同时在个人允许下，主用户可以掌握家人和朋友的行程安全。当然，被绑定手机号码的家人、朋友需要下载专车 App，才能使用亲情账户，这样也能增加 App 下载量。

这款产品一上线，就收到了爆炸式的效果。

神州只选用了微信公众号和 App 内部告知两种传播渠道，就在 10 天内收获了 118 万新增用户。如果按照一个订单成本的价格是 80 元计算，这次营销至少为企业节省了千万元的传播成本。除了带动新用户增长，产品上线后首月累计安全行程达到 1120 万公里，整体账户消耗超 2000 万元，远远超出之前的规划目标。

更有趣的是，由于家人、朋友的行程信息可以发给主账户，所以这款产品使用户全家人都对神州的安全定位比较认同。比如，某用户曾在新浪微博上晒出截图，说自己的父亲不断催促自己给神州充值，因为亲情账户余额不够让他父亲的出行感觉“很不爽”。

方式五：个体福利裂变

除了一对多的裂变红包，个体福利裂变也会被用到，适合于单次体验成本较高的产品，尤其是虚拟产品（比如线上课程、教育产品、游戏等）。

在“喜马拉雅FM”中有很多付费课程，为了让更多的用户使用，很多付费课程都设有“分享免费听”，就是原本付费才能听的节目，只要分享到朋友圈就可以免费收听，并且长期有效。

这个功能的设置，一方面给直接用户带去了真实的福利，另一方面通过裂变分享触达了更多潜在用户。

喜马拉雅FM“分享免费听”福利裂变页面示例

以上都属于内容上的裂变。企业不用花太多的钱，通过给用户一些小福利、小优惠，提供给用户一次试用的机会，就能带来拉新效果。

方式六：团购裂变

拼多多 App 的团购裂变也创造了流量和销售额奇迹，值得研究。

拼多多是一家成立于 2015 年、专注于 C2B（消费者个人到商家的交易方式）拼团的第三方社交电商平台。用户通过发起拼团，借助社交网络平台，可以和自己身边的人以更低的价格购买到优质商品。

虽然拼团模式在电商中并不是新鲜的玩法，但是拼多多却在“社交 + 电商”模式下深挖，将两者有机融为一体，取得上线未满一年单日成交额突破 1000 万元、付费用户突破 2000 万的优异成绩。

让用户“通过分享获得让利”是拼多多运营的基本原理。其优点在于，每一个用户都是流量中心（需要用户自发带着亲友参团），而对于平台和入驻商家而言，每一次的流量分发也能带来更为精准的目标群体（参团的都是有自助购买意向、强烈购买需求的用户）。这样能刺激用户的活跃度，提高黏性，也能引出更高的复购率、转化率和留存率。

可以看到：主动用户在看到平台的低价、福利刺激后，付款开团并分享至社交平台（微信为首要平台）；被动用户在看到分享链接后，被“便宜”和“有用”两大诉求刺激进而完成购买及再次分享。由此，在二级用户基础上不断裂变直至拼团成功。

相比于传统发起团购的互不相识，基于移动端的熟人社交成为拼多多的模式核心。用户在拼单的过程中，为了自身利益（只有达

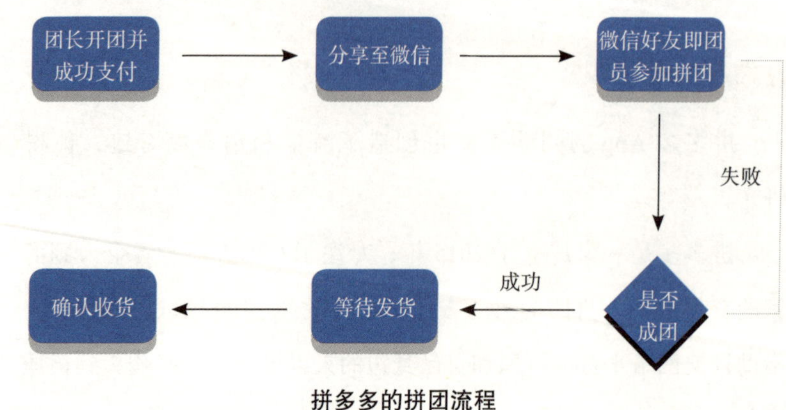

拼多多的拼团流程

到拼单人数才能成功开团）会自觉地去帮助推广，借助微信完成病毒式传播。这种“客大欺店”的效果，让买家和卖家双双获利，是裂变营销的又一种创新。

裂变技巧二：微信裂变

日活跃用户超过 9 亿的微信，是企业免费获取社交流量最快捷的平台。我们每个人手机里最不会删除的应用就是微信。所以，基于微信的裂变是营销的重头戏。

企业可以利用对微信图文的技术福利改造、对 H5 的技术福利改造，让用户每次分享微信图文或者 H5 时都会获得一定的福利刺激，比如代金券甚至直接获得现金红包，让用户受到利益驱动，主动分享甚至邀请朋友分享，让身边的人都能获得福利。

同时我们可以将这种福利规则设计成复利模式，就是用户将图文或者 H5 分享给好友之后，好友再分享给他的好友（也就是二次分享之后），用户还会获得额外的二级福利。用户分享的活跃好友越多，获得的二级福利就会越多，这样用户就会变成你的兼职推广员（但要注意分销层级，二级以上会被定义为传销，会被微信平台封杀）。

这样的推广效果是传统广告完全不能比肩的，而且成本远远低于传统品牌推广方式。通过朋友圈的口碑力量，企业和品牌获得的美誉度要更高。

企业还可以对裂变素材进行创意改造，符合裂变的内容需求，具备社交裂变的内容属性，这样在福利刺激和技术的支持下，可以取得事半功倍的效果。

常见的微信裂变形式有 4 种：分销裂变、众筹裂变、微信卡券和微信礼品卡。

方式一：分销裂变

分销裂变利用直销的二级复利机制，借助物质刺激实现裂变。

裂变的路径一般只设置两个层级，只要推荐的好友，或者好友推荐的好友有了投资，推荐人都会获得一定比例的收益。这对专业的推荐人来讲，激励作用会很大。

其中最常见、最简单的形式就是微信的裂变海报。“一张海报 + 一个二维码”，通过社交媒体生成自己专属的海报。

神州专车“U+ 优驾开放平台招募司机”，就是一个节省了千万元招聘费用的裂变案例。

神州希望招聘2万名私家车司机，但是推广预算很少，如果通过人力资源部门和劳务公司，基本上一个司机需要支付300元左右的招聘成本。

于是，神州尝试使用了裂变海报的方式。

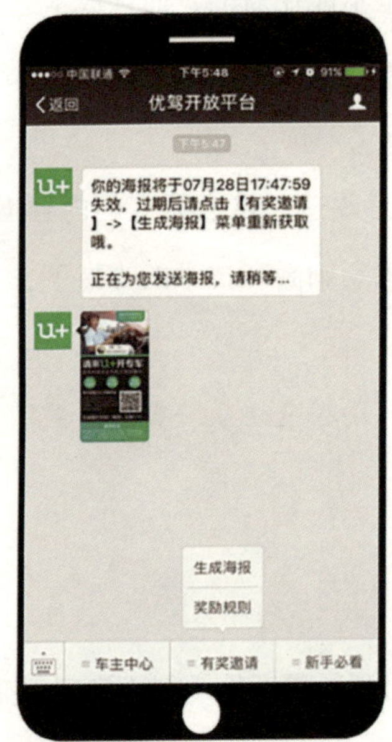

神州专车“U+优驾开放平台招募司机”

在推广时，神州先让现有司机生成一张个人专属海报，再让现有司机把海报发至朋友圈和自己的各类好友群（很多司机的好友也是兼职司机）。

其他司机好友通过该司机海报上的二维码进入并注册，在接单10次以后，原分享司机就能获得100元拉新奖金，而他的司机好友也能获得接单奖励。

神州开通了“优驾开放平台”公众号，裂变海报技术做好之后开始推广。发布的第一天，神州把海报投放进了大量司机微信群。司机是第一批种子用户，神州鼓励他们发展下线。

结果出奇地好！神州当天就生成了超三万张海报，很多司机积极响应，都想当上线，所以马上关注了平台的微信，并且自发在各个司机群里发放海报。

最终，一周内分享生成8万多张海报，获得了超10万名司机报名。按照人均300元的招聘费用来算，此次裂变推广最终节约招聘费用近1000万元。

除了完成招聘任务，神州还多了一个惊喜，“优驾开放平台”一周内微信“粉丝”突破20万，而且几乎都是私家车司机。之后他们的每篇微信头图都能轻松过万。

这种垂直微信账号一周做到20万真实“粉丝”的，在我的各类案例印象中都非常少见。

当然，这种复利分销要十分注意“诱导分享”被微信平台封号的问题（因涉嫌传销模式，腾讯就封杀了社交营销品牌“小黑裙”）。页面上不能体现任何分享有福利的描述，否则会被定义为“诱导分享”，只能在种子用户或群中传播。现金红包必须用技术手段控制，不然会有红包被刷取的风险。

方式二：众筹裂变

众筹裂变其实更多的是借助福利的外在形式，利用朋友之间的情绪认同产生的自传播。众筹裂变的核心是优惠，但是优惠只是表象，品牌在朋友圈中的人气、能动用的社交力量，才是众筹裂变的趣味所在。

神州买买车就做过一个砍半价车的 H5 推广。活动机制是，首先用户需要关注官方微信方能砍价，每个人都能砍价一次，金额在 0.1 元至 100 元之间随机选择。砍价之后会随机出流量、积分等大礼包，用户需要留存信息后方可领取。分享此活动页面至朋友圈，可额外获得一次砍价机会，分享后再次砍价。

活动上线的第一期，神州买买车官方微信增“粉”2 万多人，单“粉”成本仅为 0.75 元，远远低于日常活动增“粉”成本（一般为 2 元左右）。

方式三：微信卡券

卡券功能是微信卡包的核心内容，企业可以通过公众号、二维码、摇一摇电视、摇一摇周边等渠道进行卡券的投放，可以有效地提升商户到店顾客数量，实现线上发券、线下消费的 O2O 闭环。卡券功能主要适用于有线下实体店的企业进行营销。

“朋友共享优惠券”是卡券功能的亮点之一，真正打通了微信的关系链。用户无论是通过线上渠道还是线下渠道获得了商家的优惠券，都可以自动分享给朋友，等于一次帮所有的朋友领取了优惠券。由于不同的人对不同商家和功能的卡券需求不一样，微信“朋友的优惠券”实现了卡券的整合优化，同时实现了裂变。

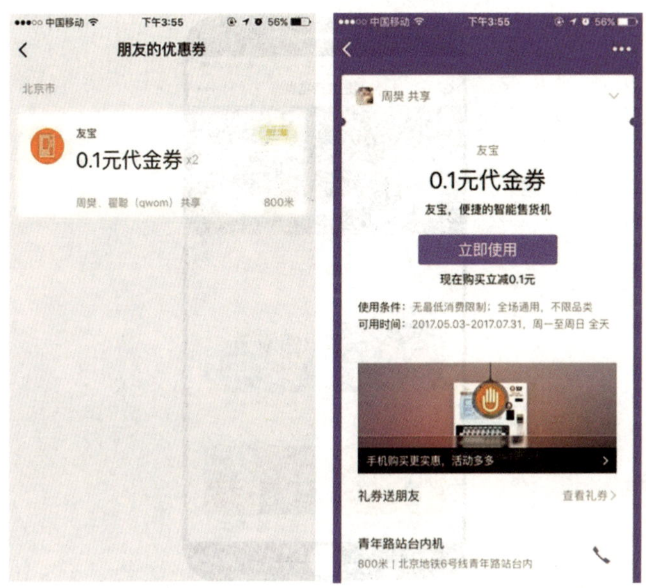

微信“朋友共享优惠券”页面

方式四：微信礼品卡

不同于卡券，微信礼品卡是微信限制放开的一个功能，主要特点是用户可以购买电子礼品卡，购买商品并赠送好友。其最大的亮点就是形式接近微信红包，观感舒服，容易激发用户的购赠行为。

经典案例就是星巴克的“用星说”。

> “用星说”是星巴克和微信合作的全新社交礼品体验，于2017年2月10日上线。用户可以在线购买单杯咖啡兑换卡或“星礼卡”（储值卡）赠送给微信好友，并在赠送页面上用文字、图片、视频留下对好友的专属祝福。

星巴克“用星说”购买页面

星巴克的“用星说”其实可以理解成一种类似于微信红包使用体验的数字化咖啡券。就像在微信的聊天界面中给朋友发送红包一样，用户只要在两个人对话时把礼品卡发送给朋友就可以。

对于很多快消或零售品牌而言，“微信礼品卡”这种新玩法包括了社交和消费两大核心元素，为企业带去了更多裂变的可能。

裂变技巧三：线下裂变

裂变主要是在线上发生，由于拥有十分庞大的社交关系链，以及便捷的分享方式（点击—分享），所以在裂变的实现上会更为容易，但这并不代表线下产品无法完成裂变。

其实，有很多线下的裂变形式我们都非常熟悉，比如，小浣熊干脆面的集卡、饮料瓶盖上的“再来一瓶”…… 这些都是传统产品用来获客拉新的手段。而互联网的开放环境，尤其是移动互联网的便捷性，在传播速度的同时，让裂变营销有了更适宜的土壤环境。只要营销手段使用得当，有趣、自带话题性质、可分享、能获利的产品完全可以实现从线上到线下的转化。以线下为主的营销行为，如果不能通过 O2O 把流量导到线上，并通过社交媒体分享，那么很难叫线下裂变。

利益、趣味、价值，永远是营销裂变的核心驱动力。只有让用户获利，才能让产品自带广告效果，才有可能实现增值。

传统产品的线下裂变有以下几种方法。

方法一：包装裂变

包装是产品面对用户的直接接触点，所以包装是传统产品产生流量裂变的第一传播途径。企业可以对产品包装进行含有利益、趣味的设计，最终达到传播且销售增长的效果。

味全每日 C“拼字瓶”

之前味全果汁的包装一直强调“成分”“高品质”这样的厂商语言，消费者，尤其是 20~30 岁的年轻消费者对这样的包装并不感兴趣。味全每日 C 在很多人眼中成了有年代感的品牌。

2016 年，味全每日 C 果汁更换了全新的包装，并将这一系列包装命名为“拼字瓶”。一共 7 种口味的果汁，每种口味配 6 款不同汉字的包装，一共 42 款。

很多网友喜欢把这些瓶子摆出各种好玩儿的句子，甚至很多年轻网友把去超市买味全果汁—摆瓶子—拍照—上传社交媒体，当成一种新时尚。对于味全果汁来说，这样一次没有花费太多成本的主题营销战，带来的则是通过裂变营销的高转化效果。

味全每日 C“拼字瓶”

根据味全提供的数据，2016 年，味全每日 C 每个月的销售额都同比增长 40%，市场占有率从 7 月到 10 月一直保持国内纯果汁品类第一。

味全每日 C 的“拼字瓶”和可口可乐的“歌词瓶”“昵称瓶”一样，都属于在产品包装设计上进行简单改造，让产品具备了互动属性的裂变营销手段。

椰树牌椰汁的“电线杆”包装

还有一些产品在包装上自带话题属性，比如椰树牌椰汁始终坚持低端淳朴的包装设计，反而引发了网友的自主讨论。

坚持20年淳朴风格的“椰树”在2017年更换了包装。新包装依然不浪费任何一个角落，用大红、大黄、大蓝、大黑的色块堆上了全部关键词。“特产”“正宗”“鲜榨”“不加香精”……让瓶体包装像一个贴满了小广告的电线杆，更有一种移动弹幕的感觉。

但就是这种接地气的包装风格，令网友一时兴起制作了一个椰树椰汁模板生成器，引发了众微博大V的跟风传播。

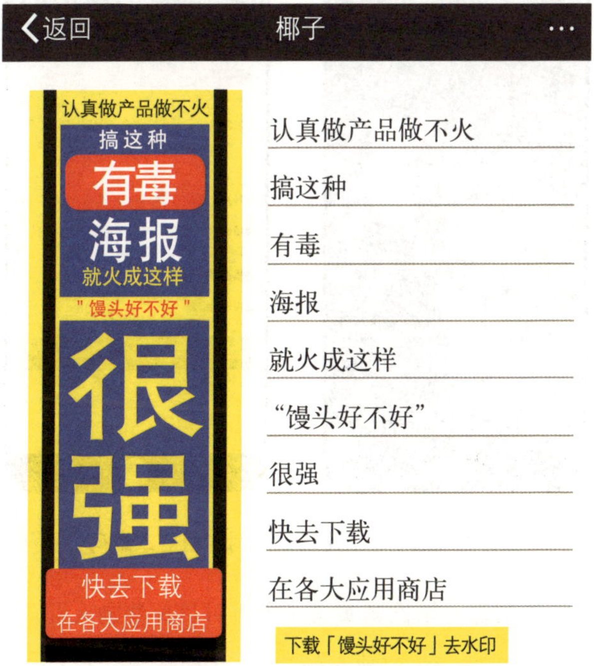

椰树椰汁模板生成器页面展示

椰树虽然在包装上具备了话题裂变的可能性，但很大限度上只是网友自发性的跟风传播，并不一定会达到销量转化的效果。

方法二：O2O 积分或现金红包

利用积分或红包的形式，修改产品素材的玩法形式，达成线下线上的联动，也是线下实物产品类裂变的一种可行方式。

比如，青岛啤酒曾年投入 2 亿元营销费用实现一瓶一码，开瓶后扫码就可领取活动现金，通过这一裂变形式实现了销量猛增。

青岛啤酒：2 亿元营销费用的瓶盖二维码

青岛啤酒的这一案例其实是一个针对目标奖励人群，合理利用“种子用户”达成销售的经典案例。

它针对的种子用户人群并不是它的使用消费人群，而是销售啤酒的啤酒小妹。扫码返奖可能会让真正的消费者产生兴趣，但不会有巨大的吸引力。而啤酒的销售量很大限度上取决于啤酒小妹愿意推广哪款啤酒，自然而然，啤酒小妹就成了推广裂变最重要的种子用户。

线下包装裂变的案例还有很多，比如我们经常会在包装袋中看到一些小卡片，上面写着“扫码有惊喜”“码上扫红包”之类的福利诱导。作为用户，我们每次看到这样的小卡片都会丢掉，谁会真的去扫呢？但其实各种线下线上渠道售卖的快消品的投放量一般非常大，所以扫码的绝对数量也是惊人的。

洽洽瓜子曾做过一个“一袋一码”的活动，其产品的市场投放量达到 1.5 亿袋，假设 1.5 亿袋投放量中只有 1% 的扫码率，那也是 150 万的用户流量积淀！如果将 1.5 亿袋的福利费用转化成广告投放费，未必能获得这么快速且大量的用户积累和产品复购。

除了产品包装现金红包的裂变形式，还有一种通过“积分集卡”形式实现的裂变。

2017 年 7 月 7 日，ofo 推出“全城搜集小黄人”活动。7 月 7 日至 7 月 14 日，骑小黄车集小黄人卡，集齐 5 种赢 77.77 元现金。

规则显示，ofo 用户只要完成一次距离超过 200 米且时间超过 2 分钟的有效骑行，即可获得小黄人卡一张；每位用户仅限每天的前三次骑行可以获得小黄人卡。如果手里收集的小黄人卡有重合的样式，则可以与好友互换卡片，就能获取不同种

ofo 集小黄人卡赢现金活动

类的小黄人卡。在这一时间段内，只要集齐 5 种小黄人卡即可兑换 77.77 元的现金红包，并可以直接提现。

这一活动充分调动了用户使用 ofo 的热情，是 ofo 牵手小黄人之后的一次经典营销案例。

方式三：产品设计的社交化

线下裂变需要完成线下到线上的分享，才能实现真正意义上的流量爆发。但是如果线下产品可以通过自身满足用户社交欲望的改造，具备“分享”和“社交”两个基本功能，产品本身就能实现社交裂变，也不失为一种有效的方式。

可口可乐在社交化产品上打造的瓶盖系列堪称经典。

用瓶盖打电话

迪拜有大量来自东南亚国家的劳工，对于背井离乡的他们来说，能在劳累过后给家人打一通电话是每天最幸福的事，但是每分钟 0.91 美元的通话费实在过于奢侈。于是可口可乐设计了一个电话亭，只要投入一个可口可乐的瓶盖，就能通话三分钟。在迪拜一瓶可乐的售价是 0.5 美元，相较于电话费划算很多。

校园瓶盖活动

可口可乐的互助扭盖活动

Friendly Twist 是可口可乐公司 2014 年 5 月在哥伦比亚大学新生中间推广的营销活动。活动里的可乐瓶盖经过特殊处理，有些类似螺帽和螺母，一个人很难单独打开，必须找到另一个拥有与之相匹配瓶盖的人，两人合力才能扭开瓶盖。通过这次营销，刚入学的新生在找到合作伙伴一起扭开瓶盖时，快速适应了新环境，结识了新朋友。

当然，可口可乐瓶盖营销虽然体现了传统产品的裂变手段，可线下裂变活动单从效果来看确实更偏品牌，整个营销过程中并没有借助互联网、社交媒体形成大规模的流量裂变效果。

相比之下，奥利奥音乐盒的裂变效果更赞。

2017 年 5 月 16 日，奥利奥在天猫超级品牌日独家限量首发了一款可以“边吃边听歌”的黑科技产品，上线仅一上午，2 万份限量礼盒便一售而空。

奥利奥“边吃边听歌”限量礼盒

奥利奥饼干化身为黑胶唱片，在特质的复古音乐盒里，接上指针，开始播放音乐。奇妙之处在于，被咬过的残缺的饼干还可以播放并切换成一首新歌。而且用手机扫描盒子上的二维码，再扫描包装插画，就会进入 AR（增强现实技术）模式，针对不同音乐播放不同的实景动画。

在这个案例中，促成消费者疯狂转发的原因是，在符合品牌调性的同时，奥利奥给消费者提供了一种超出预期的产品体验。

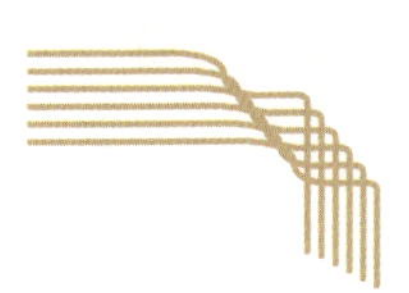

第五章

如何玩好裂变营销

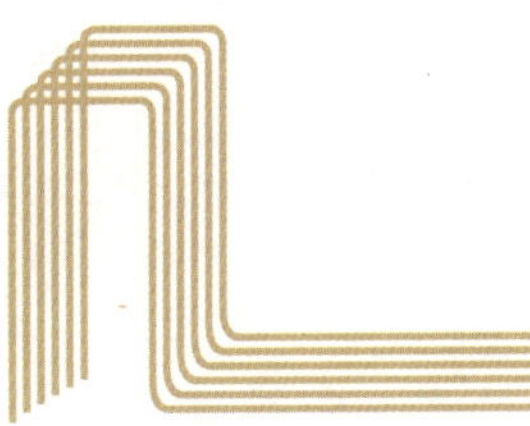

这几年，裂变营销的确方兴未艾。不仅是出行（滴滴、神州）、外卖（美团、饿了么）、电商（每日优鲜、拼多多）App 在大量裂变，刷屏朋友圈，甚至微商、游戏还有传统企业也纷纷加入，所谓的“全民营销”“公司裂变”等概念也纷纷出现。必须看到，有大量裂变形式并不讲原则和方法，已经严重变味，甚至破坏了社交朋友圈。

另外，互联网企业在裂变上的玩法已经千变万化，而传统企业在转型网络平台后，使用裂变的技术搭建创新型的创意玩法可能还比较粗浅。即使从观念上知道了裂变营销存量找增量的道理和好处，可还是不知道从何入手，不知道怎样具体操作。

第四章中的案例已经对裂变营销进行了详细展示分析，本章篇幅较短，主要讨论裂变的成功因素，以及企业裂变分销系统的搭建。另外，我非常推崇的游戏化会员管理思维，也会补充进来以飨读者。

从第四章各类裂变案例中可以看出，在裂变的营销逻辑中，有三个起始性关键因素需要重视：种子用户、裂变诱饵和分享趣味。掌握这三个因素，裂变效果才更有保证。

裂变的三个成功因素

种子用户的选择

裂变选择的种子用户不等同于产品的初始用户。

裂变的目的是通过分享的方式获得新增用户，所以必须选择影响力高、活跃度高的产品忠实用户作为种子用户。种子用户的选择要尽量和产品调性相吻合，影响力要尽可能触及目标用户群体，少而精不是坏事，质量绝对比数量更重要。

在深圳起家、专注于主食沙拉的性感生活方式的“好色派沙拉”，在不到两年的时间内，通过微信配送、微信社交广告等方式，突破了2%的行业均值转化率，达到20%，并且成功地把均值百元的获客成本拉低1/5。

好色派沙拉的用户又被称为“华南地区最多的马甲线用户”，这样的用户选择严密贴合其健康轻食的产品特性，所以一开始好色派沙拉的种子用户就是具有减脂增肌诉求的健身人群。

这个较为小众的项目，最开始选定的目标人群是从亲朋好友开始“杀熟”。以这些人为源头，做最初的小波推广和内测，完成第一次对外传播。

而真正的裂变是在第一批传播结束后，好色派沙拉开启的线下小型分享试吃会。15人的试吃会，实际收获了1×11的传播效果，活动结束后，后台微信“粉丝”达到了171人。通过几场小型分享试吃会，好色派沙拉积累了初期的天使用户，完成了迭代沟通体验。之后，早期的天使用户组建了微信社群，通过线上交流把积累持续下去。

适用于裂变营销选择的种子用户必须具备三大特征：

第一，是活跃度高、影响力大的产品用户。

第二，种子用户的质量高于数量。

第三，种子用户需要反馈产品建议。

裂变诱饵的投放

关于裂变诱饵，我们可以简单理解为“福利补贴”，但并不完全。因为有时好的创意内容、创新情景交互、有趣的玩法都可能成为裂变诱饵。

但需要注意的是，除了福利补贴的诱饵，利用内容、玩法等手段完成裂变爆发的不确定性较大。

在当前社交媒体丰富、便捷的环境下，广告的创意成本已经大大降低，但投放成本却依然居高不下。如果企业愿意把投放广告的费用分批次回馈用户，让用户养成领取福利的习惯，会让裂变起到强大的流量转化作用。在福利的诱导之下，再加入一些创意作为分享催化，就会更容易撬动用户的社交关系，产生情感共鸣，从而获取社交流量。

比如，神州专车经常使用的裂变型H5，公司内部称之为“花式发券”。在刚开始培养用户习惯时，神州会想一些特别的发券理由（用优质创意催化），或加大专车券的金额（福利诱导），吸引用户的点击分享。

神州专车在强化安全品牌定位初期曾做过一个“史上最长加班夜”的 H5。H5 用的是一镜到底长图创意，全景俯瞰视角，从女性加班的办公桌一直延伸到大街上，最后落点在神州专车，强调加班夜市场神州专车的安全性，同时刺激领券消费。

神州专车“史上最长加班夜”H5 截图

以上是创牌初期，到了品牌中期，用户已经和神州专车微信公众号形成了默契，只需要做一些简单的创意，在推送文章的标题告知今天发放的是 ××× 券（如达康书记专车券、加勒比海盗专车券、哈根达斯专车券……），用户就会习惯性地点击文章，进入阅读原文领券并使用。这种裂变的投放、玩法简单明了，在培养老用户的阅读习惯的同时，也提升了活跃度，减少了后期宣传成本。

分享趣味的满足

除了利益刺激，裂变本身的趣味性是决定其发酵程度的重要一环。

思考一下：当我们自己要在朋友圈转发分享一个企业或产品的商业化内容时，这个内容主要满足了我们哪些趣味点和心理需求呢？

提供互动谈资

社交的目的是沟通，社交媒体让沟通更便捷。如果一个内容能为用户及其朋友提供共同的谈资，那么不论它是否与商业有关，是不是一个企业的广告宣传，相信很多用户都会很乐意主动分享。

“2016 微信公开课 PRO 版”就是很好的一个例证。

> 2016 年 1 月 10 日，微信官方开发的一个为微信公开课 PRO 版准备的体验活动页面，瞬间引爆了朋友圈。
>
> 用户只要在微信中打开活动分享链接，就能查看到自己是哪天注册的、发送的第一条朋友圈、第一个微信好友、2015 年全年的微信朋友圈数量、红包发送情况、到过的位置、好友数

2016 微信公开课 PRO 版示例

量、获赞数量、走路步数等，数据非常全面。

这个活动页面在 2016 年 1 月 10 日当晚造成了强大的刷屏态势，就是因为用户可以通过这个精准的数据记录，与微信好友共同谈论在使用微信的这几年内发生的事情。很多事情可能大家已经忘记了，但是微信的数据仍然保留着，而且，微信选择在岁末年初的时间段推出这个页面，也戳中了大家回顾整理过去的心态并与之产生共鸣。

塑造个人形象

社交媒体的另一大作用，是能够为普通个体提供展现形象的平台，能够让每一个微小的个体发声。所以在社交平台上，用户关注自身的活动、塑造个人形象的欲望更为强烈。让朋友看到“我是一个怎样的人”是在裂变分享引导设计时必须考虑的心理因素。

我们经常能在朋友圈看到很多人自发地裂变分享一些活动，比如“7 日 PPT（演示文稿软件）提升营”“如何炮制文案金句，引爆营销？”“从营销到增长，只要这 10 堂课”、百词斩课程、咕咚运动、Keep 健身等，原因就在于，一方面在分享的过程中，用户会得到一个获取免费数据的机会；另一方面还能展现用户在繁忙的工作之余坚持学习、坚持运动，在心理上让用户产生极大的满足感。

再比如，提供一些类似“打卡机制”的文案，如“我已在 ××× 上坚持健身（或阅读……）第 ×× 天”等，毕竟当下的人们还是很乐于成为“斜杠青年”（拥有多重职业和身份的多元生活人群）的。

薄荷阅读裂变分享信息

这些符合用户心理的趣味性内容，都可以增加产品的分享概率，建议企业市场人员和产品经理，从早期产品设计开始就预设好各类可分享按钮，满足用户的成长、展示、炫示等心理需求。

游戏化思维：如何让老用户越来越信赖你

在裂变拉新之后，我们需要考虑一下 AARRR 之后的用户留存和提频任务。

“用进废退”进化论最早由法国生物学家拉马克提出，是指生物体器官经常使用就会变得发达，不经常使用就会逐渐退化。生物体和自身器官如此，用户和产品的关系也是如此。

当企业好不容易通过一系列手段获得新增用户之后，怎么让这些老用户不成为沉睡用户，怎么让老用户在 App 中活跃起来，就是下一个要面对的难题。

定义流失用户

找到不活跃用户处在成长的何种阶段，分析其流失原因，并分别找到其流失预警指标，拟出不同的解决方案进行预防。同时，与核心用户保持密切联系也是至关重要的，跟核心用户的直接沟通往往能帮助我们更快地找出用户流失的原因。

推送和活动

消息推送和有吸引力的活动是激发休眠用户的必选项，但推送精准度、频率、时段、质量、落地页等都是决定推送效果的重要因素，而且推送的优化应该是永久性的。在推送的时候尽量使用一些能够迅速引起共鸣的文案，以人格化的语气和用户沟通。比如，一些淘宝店，卖萌的、装傻的话语都用到了极致，让用户感觉到推送文案的背后是一个真实的人，而不是一个冷冰冰的机器。总之，要不断换样引起用户的注意。

以活跃用户带沉睡用户

老用户与活跃用户的裂变分享是产品宣传的巨型社交分享流量，也是引导用户和用户之间产生联系以提升活跃度的高效方案。

利用 PBL 游戏化思维，让用户自己打怪升级

除了以上常用的方法，我还特别推崇宾夕法尼亚大学副教授凯文·韦巴赫和丹·亨特教授在《游戏化思维》一书中介绍的 PBL[①] 理论，我认为该理论非常适用于用户的留存提频。下面简单概括，有兴趣的读者可以自己扩展阅读。

PBL 被普遍应用于游戏化系统，尽管它们不是游戏化系统的全部，但是它们的确可以被大范围使用在产品的运营思维上。

大多数游戏化系统都包括三大要素：点数、徽章和排行榜，这也是游戏化系统设计的三大标准特征。

---

① PBL 是 points（点数）、badges（徽章）和 leaderboards（排行榜）首字母的缩写。——编者注

点　数

点数通常被认为是用来激励玩家完成某些任务而存在的，前提是玩家愿意用积累的点数购买更多的工具，同时更加努力地换取点数。这种方法极大地刺激了用户的收集欲望，同时激励了用户的竞争性。

第一，有效计分。

这是点数在游戏化系统中最典型的功能。点数的展现能告诉用户做得有多好，从而增加用户的使用时长和提升用户黏性。连续挂机 7 天的用户明显要比偶尔登录的用户获得的点数多。

点数也可以划分出不同的等级，点数越高等级越高，用户在产品上所花费的精力和时间就越多。点数其实展现了真实的游戏空间性，因为它明确了游戏从开始到完成的目标任务进程。

第二，确定获胜状态。

在一个有输赢机制的游戏中，点数可以确定游戏过程中获胜的状态。如果你想通过点数获胜，就可能需要放弃战利品而选择获得点数。

第三，成为对外显示用户成就的方式。

在多人线上游戏，或是能看到游戏社区其他玩家得分的环境中，点数可以向他人显示自己做得怎样，也可以作为参与者地位（或身份）的标志。

这里以招商银行信用卡、国航凤凰知音的积分体系为例（见下页图）。前者刷卡送积分，后者用里程兑换积分，积分可享优惠、抽奖或直接兑换相应奖品等活动，通过“点数”的游戏化思维沉淀用户，以达到流量留存的目的。

（招商银行信用卡）　　（国航凤凰知音）

“点数”应用实例

徽　章

徽章是点数的集合。徽章是一种可视化的成就，用以表明玩家在游戏化进程中取得的进步。在游戏化系统中，“徽章”和“成就”常常被当作同义词使用。通过颁发徽章，可以简单地划定点数级别。

一个精心设计的徽章系统可以有 5 个目标特征：

- 徽章可以为玩家提供努力的目标和方向，这将对激发玩家动机产生积极影响。
- 徽章可以为玩家提供一定的指示，使其了解系统内什么是可以实现的，以及系统是用来做什么的。这可以被视为“入伙”，或参与某个系统的重要标志。
- 徽章是一种信号，可以传递出玩家关心什么、表现如何。它是一种记录玩家声誉的视觉标记，玩家往往会通过获得的徽章向别人展示自己的能力。

• 徽章是一种虚拟身份的象征，是对玩家在游戏化系统中个人历程的一种肯定。

• 徽章可以作为团体标记物。用户一旦获得徽章，就会与其他成员成为一个团队。

神州专车的“明星专车”就是利用徽章的玩法来打造成就感和身份标签的典型案例。用户在打到“明星专车”时会有徽章提示，以便炫耀分享。同样，Keep 自由运动场的各种运动勋章，不仅激发了用户挑战的积极性，也间接提升了用户的在线时长。

（神州专车“明星专车”）　　（Keep 运动勋章）

“徽章”应用示例

排行榜

排行榜是在营销中经常运用的一种手段。一方面，玩家通常想知道自己相较于其他玩家的水平如何，只有自己的排位往上走才能给玩家强驱动力和强黏性。另一方面，排行榜规则的设置要避免削弱玩家的士气，要让产品具有活跃度，而非一场博弈。

“排行榜”微信运动示例

创建用户激励体系。用户激励体系包含负激励和正激励：负激励即积分扣减或其他惩罚性措施；正激励可以分为“荣誉激励”“情感激励”“利益激励”三类，常见的有排名、竞争图谱、等级、勋章、积分、社交互助、奖金激励等形式。这些正激励形式、每日任务和有吸引停留能力的内容，能够更好地达到刺激用户持续留存的效果。

排行榜其实激活的就是攀比的社交心理，说到这里就不得不提中国最热的排行榜——微信运动。用户每天可查看自己在好友中的步数排名，并通过点赞的方式达成互动。

流量裂变系统的技术部署

企业如何通过技术实现流量裂变？

我们根据流量裂变系统的几个关键点，总结起来会得出一个等式：

流量裂变＝平台＋创意＋福利＋技术

下面逐个展开，告诉大家如何部署流量裂变系统。

平台部署

流量裂变的平台渠道是裂变的土壤，不是所有的平台都能挖掘社交流量。主流的社交流量平台有微信（包括服务号、订阅号、微信群和朋友圈）、企业 App、企业微商城、企业产品等。社交流量平台要具备社交传播的基础和社交基因属性，便于用户体验参与社交创意福利并形成传播。

创意部署

流量裂变的创意内容是裂变的催化剂，只有有趣有料的创意内容甚至 IP 内容，才有可能撬动用户的社交关系，产生情感共鸣，形成裂变传播，从而获取社交流量。社交流量创意的类型包括病毒创

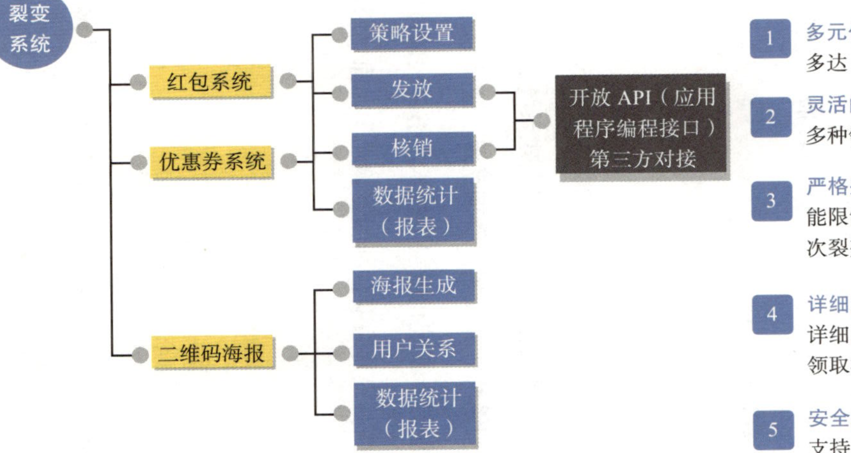

1 多元化的裂变福利支持
多达 10 个大类的裂变福利支持

2 灵活的领取分享界面配置
多种领取模板，后台工具化界面配置

3 严格并开放的领取策略限制
能限制到年、月、周、日、每个用户、每次裂变的领取控制

4 详细的日志追踪体系
详细的裂变显示、用户领取、用户分享及领取福利日志记录及追踪

5 安全成熟的开放 API 接口
支持 App、线下实物、微商城等各种裂变场景，所有动作数据通过 API 加密实时调用和返回数据

裂变系统

意、IP 创意等，社交创意表现形式包括海报、H5 等。社交流量的创意设计要具备超强的电商属性、非常清晰的页面逻辑，在最短的时间内抓住用户的注意力，并引导其参与进来。

福利部署

有品质的福利和复利模式的福利规则设计，会极大提高用户参与社交裂变的动机，同时激励用户主动去打通它的关系链。通过福利加强用户和其好友的互动频率，让社交关系传播完全裂变起来，从而获得最大化的社交流量。

技术部署

流量裂变的技术是整个社交流量体系里最重要的一部分，我们称之为裂变系统。裂变系统包括裂变前端创建系统、裂变后台配置系统、裂变福利核销系统、裂变用户管理系统、裂变数据管理系统、裂变平台对接系统等。系统化的裂变技术能够最大限度降低用户参与裂变创意的门槛，提升裂变福利的体验效率，简化用户分享传播裂变的路径。

存量找增量，高频带高频

在本章的最后，我想总结一下裂变的核心要义，就是我们经常讲到的“存量找增量，高频带高频”。

存量找增量，即利用已有的用户去发展新增用户。这有两层意思：首先，你得发展出第一批老用户（即种子用户），这个不可能靠裂变，主要依赖广告投放、产品试用以及前期其他推广方式；其次，存量用户基数越大，裂变分享的数量才会越大，因此，存量基础是裂变成功的关键。

会玩的企业，往往同时两手抓：一手抓广告拉新，通过补贴迅速扩大存量用户；一手抓老客户裂变，降低整体获客成本。在存量和增量的不断转化中，一个新创品牌可以迅速引爆市场，甚至成为现象级产品。

高频带高频是什么意思呢？如果产品本身是一个高频使用产品，比如出行、外卖、社交、直播、热门游戏、大电商平台等，那么用户和你的接触机会多、使用次数多，裂变福利的可能性就大，企业往往只需要给一些比较小的福利（比如发电子券、免费视听、游戏道具等），就可能会有大量用户裂变分享，带来新增用户，高频带高频是很容易实现的。

但如果企业产品本身并非互联网产品，消费频次又低（比如房地产、汽车、家电、金融保险等），那怎么高频带高频呢？企业需要有同样的思路，要么把低频产品转化成中高频福利，要么虽然低频，但需要变成强福利裂变。

比如房地产，可以以转介绍费（房价的几个点提成）的方式吸引现有用户推荐，这是强福利刺激。但更好的做法是通过类似物业管理类 App，让用户中高频使用，从而加大多次裂变分享的可能。

又比如信用卡用户，虽然消费频次可能很高，但几乎都是线下刷卡，不一定能转到线上。这个时候，如果企业捆绑用户与微信

ID 信息，每一次刷卡都能通过微信消息模板提醒用户刷卡记录，并赠送一次抽奖裂变，那么线下用户就可能转化为微信上的高频裂变用户。

保险在金融产品里面属于消费频次很低的产品，基本以年来计，那怎么高频带高频呢？企业可以开发大量免费赠险，结合各类场景，通过 App、微信赠送给用户。由于很多用户投保后都会关注微信公众号（方便理赔服务），那么高频赠险就可能激发高频裂变。比如雾霾防癌、加班猝死、春运出行意外、幼儿感冒门诊等微量级赠险，一旦结合场景和热点，就会成为高频裂变营销。

总之，没有绝对低频的产品，没有不可裂变的营销，关键是我们需要开阔思路，转化福利频次，用好存量用户。一旦找到合适的玩法，裂变营销就会成为你最低成本的获客之道。

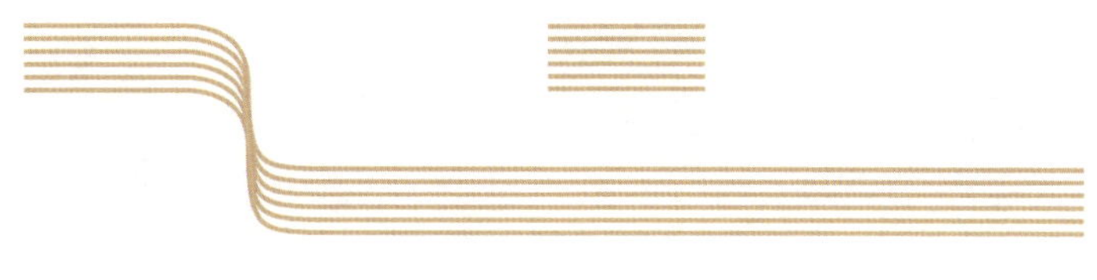

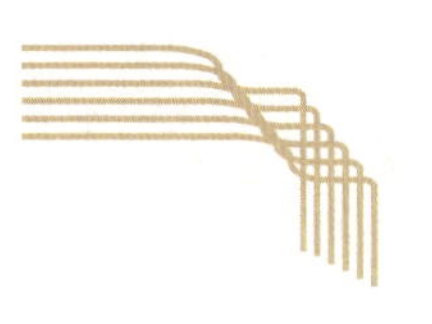

第六章

微信社会化营销的流量改造

微信日活跃用户超 9 亿，其中 55% 的用户每天要打开微信 10 次以上。这两年，微信的巨大流量让所有人都心动不已，大家都想从这空气级的巨型应用流量池中分一杯羹，企业纷纷自建微信账号，数千万的微信公众号因此诞生。

微信去中心化的体系，让流量变得更直接，同时依托社交口碑属性，这些流量也更加真实、更有价值。

时至今日，微信营销的基础教育已经完成，几乎每家企业都会开通官方微信公众号，并且有频次地更新内容运营。但这并不代表每个微信营销企业都会合理、有效地利用微信，通过好的手段实现流量改造，使其发挥最大转化效率。

90% 的官方微信都在自嗨

官方微信的“自嗨”是当下微信营销普遍存在的现象。很多企业看似赶在潮流上，实则仍然在用传统广告理念运营微信。比如，注册一个微信公众号（相当于买断一个长久的低价广告位或新闻位），然后雇一位小编定期发图文帖维护（等于雇了一位企业专属的广告投放编辑）。简单两步就取代了常规的广告投放、企业内刊、品牌公关等多种市场传播形式。

网感较强的企业，会紧跟事件热点，借助热点和受众完成一些简单的海报互动，虽然阅读量并不会增加太多；网感不强的企业，微信公众号就会完全沦为自身的新闻中心，成为企业动态、领导人讲话、企业文化活动的宣传阵地，然后鼓动全员转发朋友圈，以为这样做就能达到传播刷屏的效果，但结果往往是阅读量过千都困难，“粉丝”量不增反降，用户活跃度也没有提升。

“无趣”“无效”“无聊”是当下企业在运营微信时的三个普遍问题。

无趣：由于属性限制，企业微信在一开始就具有天然商业化内容的定位，但受众对于这类内容的接受度和容忍度是有限的。缺少人格化的微信内容定位，没有意思的内容输出，企业和受众之间没有深层互动，这些都是无趣导致企业微信关注度不高的直接原因。

无效：即使很多企业微信有了关注度、有了阅读量，却依然无法将阅读量成功转化，让流量成为销量。这是由于企业在移动营销的过程中，仍然保持着传统的广告公关心态来对待微信营销。

无聊：由于一些企业微信编辑人员的专业度不够，操作门槛较低，导致产出的内容没有营养价值。无聊的内容最终无法达到获取流量的目标。

微信营销如何才能快速引流并转换，下面将展开讨论。

把微信服务号做成超级 App

请注意，微信服务号不是公关号，也不只是内容号，而是一个还原 App 功能的服务号。这是微信服务号的基本定位。

微信升级 5.0 版本之时，不仅带来了全民上下沉迷的打飞机游戏，更带来了服务号和订阅号拆分。企业如果想要完善建立移动端的营销服务体系，服务号势必成为最佳选项。企业需要通过申请自定义菜单，开通更多的后台接口，把微信服务号当成轻量级的 App 来使用，从而完成微信运营的核心思想转化。

对一款企业 App 产品来说，它至少承载着三大功能。

第一，要承载业务的基本产品功能。

这一点很好理解。比如，神州专车作为移动出行的 App，主要功能就是给用户提供出行专车服务。淘宝、天猫、京东 App 的基本产品功能是线上购物平台，饿了么、美团外卖、百度外卖 App 的基本功能是线上外卖订餐平台，等等。

这些产品功能本身是要关联用户数据和消费数据的。

第二，要承载客服咨询反馈的功能。

App 是企业与用户的主要接触点和沟通平台。企业要想及时获得用户反馈信息，就必须让自己的产品具备和用户沟通的功能，也就是客服咨询功能。

第三，要承载营销信息的展示告知功能。

当一个 App 具备一定的用户基数时，其本身的开屏页、弹窗、轮转图等就是企业免费的广告展示、信息告知的重要渠道。

同理，如果企业微信账号要做成超级 App，就得满足以下几个基础功能。

广告信息的展示告知

我一直建议企业做好微信服务号，而不是订阅号。服务号和订阅号的不同之处在于，订阅号每天可推送一条图文信息，会被折叠在订阅号窗口；而服务号是每月推送 4 条图文信息，但不会被折叠，可以直达用户。

或许会有企业认为一个月推送 4 次，频次不够，内容太少，达不到效果，但其实恰恰相反。当下用户的时间太过碎片化，如果每天的推送内容不够出彩，就很难打动用户，甚至会被认为是一种骚扰而取消关注。2017 年以来，微信平台本身的订阅号打开率一直在持续下降。如果企业资源有限、人员有限，建议只做好服务号就够了。订阅号可以注册下来，用于企业发布一些紧急性、临时性的信息，以及与用户沟通交流，不做日常更新。

企业在做服务号的推送内容时要珍惜每一次的推送，把内容做成精品，通过一次次的累积叠加实现用户的增长。

客服咨询功能

显然，微信的生态环境比 App 更适合说明企业服务和管理用户，微信公众平台新版的客服功能提供了即时回复用户咨询、自动回复、客服数据统计等功能，并支持多人同时为一个公众号提供服务，让企业和用户的连接更为方便和快捷。

企业可以利用微信公众平台极大地减少客服人员的工作量，让用户在微信里自主完成咨询、查询等操作。随着AI（人工智能）客服、语音机器人等技术的成熟，微信客服功能会进一步优质高效。

微信一定要实现企业产品功能

微信开发者模式是一个开放式的接口，可以通过产品后台的编写进行后台改造，完成消费数据的接口对接，从而实现产品在微信里的业务转化。

比如，很多连锁餐饮企业就是微信服务号的受益群体。他们将微信服务号进行技术开发和数据对接，增设了订餐、排位、查看菜单、预订外卖等菜单功能，或者添加微信卡券功能，绑定会员卡、发放优惠券等，效果相当不错，能够提高用户消费频次和消费额度。

餐饮行业，尤其是快餐，一个共同特点就是即兴消费，满足“频发”“多选”“短决策”的特性。三者共同作用时，微信在消费者快速做出消费决策时的作用就尤为明显。每一次的推送，再辅助优惠券等福利刺激，都可能立刻转化为消费购买决策。

不仅是餐饮行业，所有具有即兴消费属性的行业，如出行行业、快消行业、商超便利店等，都适合把微信服务号打造成超级App。

讲几个实际案例。

肯德基：手机自助点餐

2016年3月7日，肯德基与微信支付达成合作，在全国超过4700家门店同时上线微信支付，同时在全国30多个城市超过 2300 家餐厅开通手机自助点餐。以微信支付为起点，完成微信体内的闭环式营销，打造数字化用餐体验。

用户在肯德基的微信公众号上就能体验“手机自助点餐”的服务功能。这一功能不仅能让顾客不用排队点餐，甚至不用进店就能完成点餐、支付的系列环节。而门店一方只需按照订单准备好菜品，等待用户到店领取即可，大幅度缓解了高峰时段的客流压力。

FlowerPlus 花加：微信大流量带来的留存转化

FlowerPlus 花加（以下简称“花加”）的模式很简单，用户通过微信下单，每月支付不到 100 元就能收到一盒时令鲜花，收花地点选择在办公室或者家中。就是这样一家关注都市白领日常鲜花消费市场、提出“日常鲜花”概念的公司，借助微信的巨型流量优势，在短短的一年零 4 个月的时间里，公众号“粉丝”就完成了从 0 到 129 万的增长，规模从起步到营收 3000 万元，迅速占领了鲜花 O2O 领域的第一梯队位置。

从传播的角度来说，鲜花消费处在一个受众需求大、消费频次高、自传播触发点广的优势基础上，微信正好为花加提供了传播优势。花加采用的模式是先付款、后发货的订阅模式，这解决了资金流转问题。

微信也对花加的用户留存起到了很大的帮助作用。企业可以通过公众号留下用户的信息和数据，分析客户需求，给不同客户进行用户画像，提供不同的产品和服务送达，从而实现比自有官网或 App 更高的留存率。比如，花加会给新客户配送比较容易养的或者常见的鲜花，给老客户配送一些有养护难度的花，为孕妇配送鲜花时会避开对胎儿有影响的花种等。

据报道，花加目前的用户来源有 90% 是微信用户的口碑传播结果，10% 来自微信朋友圈的广告投放。

创意 + 技术 + 福利，期期做到“10 万 +”

企业在做微信流量转化的过程中，有三个要素是必不可少的：创意、技术和福利。这三点我在第五章也提到过。

创意可以解决流量吸引的问题，好的创意就是引起流量爆发的直接导火索。而企业微信后台的技术性改造，解决的则是流量的承接问题。流量由有趣、新奇的内容吸引进来，通过微信技术改造实现承接和留存，再利用福利性促销刺激，从而快速达成流量转化。

以神州专车的微信公众号为例。截至目前，神州官方微信“粉丝”总量接近 300 万人，已经相当于一个大号。自“Beat U”之后，阅读量 10 万 + 的文章有 150 多篇。基本半个小时之内就能上到 10 万 +，如果配合发券，最高峰可以带来 5 万 ~6 万单专车订单。

在做公众号的过程中，我们总结了两点经验：

第一，创意驱动。让受众觉得有趣、好玩儿，就会形成自传播的力量，带来更多流量。

第二，利益驱动。让用户觉得有实惠、有福利，就可借助利益刺激完成更多分享和转化。

创意驱动

如何让你的创意能够驱动用户分享，从而带来更多流量呢？

先说传统广告创意。这两年很多传统广告也在追求更好玩儿、更有话题性的传播，但难度要比在社交媒体上大很多。这是因为，传统广告的创新有个致命的问题：触达时间很有限（TVC 广告[①]一般也就 15~30 秒），媒体价格又贵，所以传统广告必须在第一时间完成自己的品牌告知。

因此，传统广告要实现类似社会化营销的改造（比如病毒视频、网感文案、热点事件梗等），首先要判断这个广告投放成为网络话题的成功率，如果不能线下转线上，成为微信朋友圈里的讨论热点，那么风险就很大，还不如做简单直接的硬广告更安全。

当然，也有很多传统广告做到了“小事件，大传播”，成功刷屏朋友圈。比如，网易云音乐的地铁广告和蚂蜂窝的广告就比较有新意，而且传播效果好。

网易云音乐的地铁广告其实是用了线上 UGC（用户原创内

① TVC 广告，特指以电视摄像机为工具拍摄的电视广告影片。——编者注

网易云音乐投放的地铁广告

容）生成，即以线下传统渠道传播、线上传播扩散的方式实现刷屏效果。

网易云音乐将用户不经意间留下的乐评，当作品牌线下地铁投放传播文案，用高质量的 UGC 实现了一次广告传播。UGC 和社区属性一直是网易云音乐区别于虾米音乐、QQ 音乐的品牌标识。一直致力于培养用户边看评论边听歌曲习惯的网易云音乐，至今已经累计产生了两亿多条乐评。而当这些用户创造的海量、高质的内容出现在地铁车厢这样相对封闭的环境时，强大的视觉冲击以及强烈的情感型精神暗示，使得每一个出现在情境中的个体都能产生巨大的共鸣，而这些共鸣自然而然地就成为品牌自传播的利器。

同样是传统广告投放，蚂蜂窝“极简化未知旅行”传播活动就比较有新意。

年轻人普遍对脑洞大开的鬼马品牌抱有好感。对于蚂蜂窝而言，虽然品牌的知名度很高，但是很多人对它的认知仍停留在查攻略软件的阶段。蚂蜂窝在线下的投放，包括在北京和上海的地铁投放、写字楼电梯间的分众投放，都用简约双关的广告画面，形成巨大的视觉吸引，受到年轻群体的喜爱。

蚂蜂窝投放的地铁广告

这套广告让品牌具备了一定的可传播性和可分享性。用户在等地铁或者坐电梯时，随手就可以拍照上传分享，并且很多线下广告投放中的线路在线上的App产品中也能找到，形成了一个线上线下的内容闭环。

相比于传统硬广告，网上传播相对更容易一些。在创意基础上增加一些交互技术，会让创意互动趣味提高，分享力度更大。比如，近几年朋友圈流行的各类H5创意。H5是一种比平面设计重、比视频轻，具有互动性、可实现底层代码监测、强兼容性的技术手段，它的强交互性能给受众带来完全不同的使用体验。

比如，大众点评的H5“我们之间就一个字”，具有开中国H5

（扫码观看完整版）

大众点评“我们之间就一个字”H5 广告片断

创意先河的价值，它让更多的创意人看到，原来 H5 的可开发性、互动性、创意实现的效果性比一般的平面海报强太多。

对于 H5 的制作和使用，我们推崇的是简单、轻量、有巧思。用户不用参与太多操作，获取品牌信息之后分享出去就好，然后进入福利端，就能实现快速获客。

虽然现在创意精良、技术花哨的 H5 越来越多，但是有很多刷屏的 H5 未必能给企业带来快速的获客，并不值得推崇。

利益驱动

很多广告人和企业非常讲求创意，天马行空，脑洞大，但长久保持高质量创意也是十分困难的。当受众对创意的要求越来越高时，普通的创意形式只会淹没在海量的信息中，或者让受众产生审美疲劳，从而降低品牌的传播性。

所以，如果追求不到 100 分的好创意，那在日常创意的基础上加上一些福利，就能让普通内容也具有更强的分享性；在创意的基础上加上一些裂变技术，就能让品牌或产品增加更多的曝光。这也是更具性价比的营销手段。

创意＋福利，营销有保障。福利是一种驱动剂。在每个创意之后，给受众一些福利、奖品，做一些好玩儿的东西刺激大家去分享，就会让传播扩散得更广，得到更多的流量。

如前文所说，借助“创意＋技术＋福利”的技巧，神州专车公众号现在阅读量达到10万＋的文章很多。

“创意＋技术＋福利”给神州专车带来微信期期10万＋

除了一些精品H5，神州专车也设计了很多日常花式发券的方法。神州每次发券都有名头、有理由，很多热点都会迅速跟进一下，比如中国女排夺冠、人类发现第二地球（开普勒星球）、“十一”长假结束开工，还有很多热播影视剧，神州会抓住用户关注点迅速发券，这对用户的使用频次、分享频次都有正面提升。

除了常规“创意＋福利”，利用微信平台做大促销活动，效果甚至好于企业硬广告投放，因为微信“粉丝”对企业产品更加信任，对活动也更有兴趣参与。

神州专车做过一次震惊行业的饥饿营销，主题叫“这一次，收官”，内容是在指定时间内神州专车用户可以充100送100，限时限上限（只有7天，每人最多可充1万元）。这个活动在提前预热到活动告知的全过程中不断倒计时提醒，都是围绕微信平台来进行，最终效果远超预期。当天凌晨发布，3个小时充值过亿元，最终7天时间共吸引用户充值20亿元，创造了行业之最。

神州专车“这一次，收官”活动页面

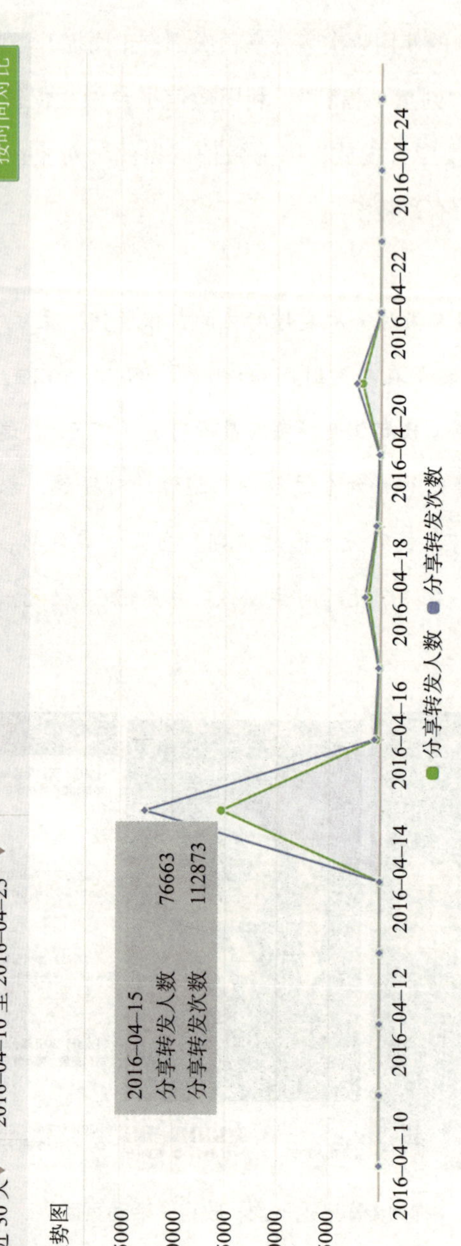

神州专车"这一次，收官"活动效果分析

我印象最深的是在“这一次，收官”活动中，微信分享量峰值时有 11 万人次主动分享。就算这 11 万分享用户每个人只影响 100 人，获得用户展示数也达到了 1100 万。

这就是“创意 + 福利”获得高分享、高转化的案例。

企业如何玩转社会化营销

我觉得有两方面技巧：第一，轻、快、有网感；第二，用社会化营销（social）引爆话题与事件。

玩转 social 的一些规律

轻

现今移动营销或许进入了一个怪圈，大家都很喜欢做很酷炫、很复杂的创意，喜欢交互技术繁杂的 H5，觉得只有这样的内容才能被叫作好内容，才能实现刷屏。

但我们不能否认的一点是，这些内容从前期准备到执行，人员、成本、精力的消耗都非常巨大。而且这样的创意从策划到出街必然会经历漫长的时间，在市场变化如此迅速的当下，任何人都无法保证几个月前的创意会不会在出街之前就已经落后于市场上的新状况。

而选择相对比较轻一点的创意形式，可以为品牌争取多次尝试的机会，创意的迭代快了，企业创牌的试错机会就多一些。这对初创企业来说是一种很好的尝试办法，我在后面会用“Michael 王今早赶飞机迟到了”举例说明。

快

移动互联网讲求的是速度，事件传播发酵的速度快，创意的反应就一定要跟上。如果说在传统广告时期，一个创意的产生周期是5天，那么到了移动营销时代，一天5个创意都是极可能出现的事情。

脑洞大、速度快、与热点的结合巧妙，就会让你的创意更惊艳，从而引发更多分享。热点借势的速度，很大程度上就是用户分享转发的巨大驱动力。这也是杜蕾斯能称霸社会化营销的一个重要原因。

> 神州专车在2016年七夕当天，发布了一篇微信推文《Love U | 致Uber中国的那些年轻人》。这其实是借势“滴滴合并Uber中国”的新闻，发出的一封招聘启事。神州专车团队从看到新闻到生成创意，再到联系拍摄、素材制作，最后出街，整个制作周期没超过两天。“Love U”与强竞争性的“Beat U”形成鲜明对比，是一次很有力度的品牌层面上的营销，发布后阅读量近百万，转发分享也超过4万次。

有网感

说到网感，很多企业会对这个词过度解读，比如，一定要在文案中使用各种流行的网络流行语、网络热词，否则不够“网感”。虽然当下很多热词的确会为文案带来一些可读性，但是更多时候企业是在生搬硬套、不符语境地刻意使用。

说到底，网感其实是每一个企业微信账号应该具备的同理心，它能洞察到这篇推送文章的目标用户的内心世界，能真正表达用户想说的话，能明白目标用户在什么样的场景中会使用什么样的情景语言。

网感就是有同理心，说人话。企业微信不要太官方、太严肃、太摆架子。

比如，MINI COOPER（汽车品牌）的官方微信账号“绝对MINI”从账号定位开始就奉行一个宗旨：不拉拉扯扯，不遮遮掩掩，只为真正感兴趣的人提供最有意义的内容。所以这个账号从一开始就选择和其受众人群生动沟通，用共同感兴趣的话题、可能喜爱的事物、这个群体的交流话术来和用户互动。

企业微信的网感还可以被解读为“企业的人格化”。当企业微信拥有一定的个性、人格化之后，用户会主动寻求和官微的互动，或者去“调戏小编”，当用户用一颗平常心对待官微，把这个定时推送的账号当成一个平常人，就会和企业在无形中建立起某种情感信任。

支付宝的微信公众号的亲切程度要远远超越其移动支付工具的属性。而且，支付宝微信公众号在某种程度已经不能算企业微信人格化，而是一种生动与逗趣的存在。

支付宝微信公众号从一开始的定位就是“不是行业账号，不是媒体”，而且明显不同于普通微信小编。支付宝的微信推送没有固定时间，没有固定的更新频率，这完全违背了“培养用户习惯”“捕捉用户黄金时间”的运营准则。就是这样有点“神经病”的运营风格，并不妨碍它的篇篇推文获得10万+的阅读量。

2016 年 5 月 13 日支付宝推送的一篇题为《用 5 个字证明用过我，你 OK 吗？》的文章，全文只有一个实心标点，却成了微信史上最短的 10 万 + 文章。

支付宝《用 5 个字证明用过我，你 OK 吗？》微信推文界面

我们可以看到，在企业微信运营上，当企业品牌有趣、好玩儿、和用户打成一片时，品牌信息、功能展示都可以选择性地往后排。这并不会损失什么，反而会让“粉丝”黏性更高，企业传播重要信息时的效果也更好。

用“轻、快、有网感”打造社会化营销案例

这里再结合一个完整案例来详细阐述，如何用“轻、快、有网感”打造社会化营销案例。

2018 年初，氢互动为神州专车打造的 H5“Michael 王今早赶飞机迟到了”刷屏朋友圈。这个 H5 时长不到三分钟，以第一视角拍

摄，男主角 Michael 王为了赶飞机，全程狂奔，各种悲催，接连出状况，整个剧情极具代入感，再加上 H5 的全屏播放也让体验更加原生，看得人非常紧张和焦虑。

首先，这个 H5 制作很“轻”。

“Michael 王今早赶飞机迟到了”（以下简称“Michael 王”）就是一个典型的轻型 H5。整个 H5 由一个视频短片灌装而成，视频拍摄采用 GoPro（美国运动相机品牌）摄像机（演员戴在额头上），摒弃了传统广告的高清制作，团队选择第一视角全程竖屏拍摄，成本相对很低，制作时间很短，从创意定稿到制作上线仅仅 14 天。

（扫码观看完整版）

神州专车“Michael 王今早赶飞机迟到了”H5 广告片段

而且，正因为是第一视角，整个 H5 体验非常有代入感，再配上让人焦虑的剧情、紧张的背景音乐和快节奏的剪辑手法，这个 H5 在打开的前三秒就能瞬间吸引网友眼球，并使其如身临其境一样体验整个 H5。

在互动上也是轻型的，整个体验流程只有三处交互按钮：

- 播放按钮——点击播放；
- 落地页按钮 1“这不就是 ××× 么！”——点击分享到朋友圈；
- 落地页按钮 2“赶飞机还是 TA 好”——点击下载神州专车 App。

因为“轻”，用户的 H5 体验才是轻松的，这也就为刷屏和最终的流量高转化埋下了伏笔。

其次，“Michael 王今早赶飞机迟到了”的 H5 从策划、制作到上线，只用了 14 天的时间，够快。

因为轻，所以快，这二者相辅相成。拍摄只用了半天（夜里零点以后在浦东机场拍摄）就搞定了，H5 技术也仅仅用了一天就完成了部署上线。

由于项目是针对春节前的接送机市场，所以上线时间一定要保证，在预算经费不多的情况下，“Michael 王”从创意、制作到互动技术，一切都从轻从简从快，但效果却超越了很多几百万元制作的土豪视频，仅上线半天时间播放量就突破 300 万，并实现了真正的朋友圈刷屏。

互联网热点来得快去得快，但“Michael 王”创造了 2018 年开年第一刷，和它的时间点选择以及创意原生感有很大关系。

最后，强烈的原生感和网友共鸣。

“Michael 王”的创意其实来自团队成员的亲身经历，这也就是为什么很多网友看完觉得剧情很生活化，很有共鸣。真实的生活感悟和洞察，才是创意的核心。

整个 H5 采用第一视角，强烈的画面原生感是打动人心的关键，不必过于精美，不要“太像广告”，这样的作品更有可能引发大家的共鸣与转发。

从最后一句文案“在这里，放下全世界的焦虑”可以看出，焦虑已经变成很多人日常生活中的常态，Michael 王也不例外。诚然，作为出行服务提供商的神州专车也改变不了什么，只能为你提供一个安静舒适的地方，让你在这里放下全世界的焦虑——我们知道此刻奔波劳累的你“只想静静”。

这便是同理心，“有网感”拉近了品牌和受众的距离，从而让他们完成了一次走心的沟通。

正是基于“轻、快、有网感”的社会化营销玩法，“Michael 王今早赶飞机迟到了”的 H5 上线仅仅一天之余就突破 400 万播放量，当天“赶飞机”的微信指数更是从前日的 2000 多激增到 40 余万，高出日常 200 多倍，并带来专车节前接送机订单的持续增长。

用话题与事件引爆社会化营销

社交媒体不仅让事件传播迭代的速度加快，同时也让信息进入速朽模式。企业的每次日常发声很容易就会被淹没在碎片信息的海洋中，这就需要企业做微信营销时跳出日常，利用一些话题、事件来引爆营销。当然，话题事件的引爆很考验营销人员的操作经验，也十分考验营销人员对话题的把握能力。

> 神州专车在创牌时的“Beat U”事件，一天三次的刷屏，带来了单日新增用户同比增长10倍以上，单日订单量同比增长5倍以上，App排名由之前旅游类30多名上升至第8名。最后道歉微信5分钟突破10万+，优惠券领券峰值每分钟接近2万张。

好的事件营销其实是可遇而不可求的，有些事件营销可能火了事件，但是品牌并没有受益。具体如何选择和操作，我会在第七章详细阐述。

人人都爱一图流

现在中国的社会化营销环境表现出一种马太效应，即有钱的企业越来越会玩，没钱的企业越来越边缘。

由于用户的认知水平在逐步提升，使其对于新鲜事物的嗨点越来越高，注意力分散，常规的营销手段越来越难刺激到用户的痛点，这也逼着很多企业、品牌开始了营销上的“军备竞赛”。

现在我们所熟知的很多刷屏级创意，都需要耗费大量的人力，创意团队、技术团队、传播团队三方严密配合才能实现。而这些基本上只有资金雄厚、为了夯实品牌的企业才能做到。

腾讯动漫“薛之谦憋大招”、天猫“穿越宇宙的双 11 邀请函”、淘宝“一千零一夜之鲅鱼水饺”、招商银行“番茄炒鸡蛋”这些重量级的巨型 H5 虽然在传播当下迅速刷爆了朋友圈，也不断为行业内容拓展边界，但是必须承认，这些创意的耗费巨大，一般企业很难玩得起。

多媒体形态中，能被大家分享到朋友圈的创意形式一般有 H5、病毒视频（10 秒）、图文帖、图片等。在这些形式中，图文帖是移动传播中最常见、性价比最合理的传播形式。在图文帖中利用“文字 + 图片”的形式，在文字和图片的创意呈现上做一些巧思，标题也清新脱俗一点，就会快速地被阅读、被分享出去。

除了图文帖，在移动社交中，图片是最快速、最讨好的传播方式，所以“一图流”要比“图文流”更适合传播。在传播中，如果图片足够有趣，很快就能实现刷屏并带来流量，如果在图片的下方加上一个小程序或指压二维码，就能带来部分转化。

比如，大家熟知的杜蕾斯借势热点营销，基本靠一张创意图，以巧妙的图片创意获得大量关注和转发（见下页图）。

天猫曾经联合哆啦 A 梦代言做了一些广告告知，但反响平平，最后反倒是这张“我得离开你了，要去当天猫了”的小图，瞬间引发刷屏（见下页图）。

有趣的一图流可以通过借势营销为企业带来更多自流量。

比如，美国总统大选的时候神州做了一张海报——“选总统纠结 10 个月，选专车，只需 1 秒”。总统大选当天下午投票时海报发出，效果不错，很多盘点文章都引用了该海报。

“双 11”之前刷屏的杜蕾斯一图流

天猫的哆啦 A 梦刷屏广告

麦当劳在高考期间推出的限时 6 元麦满分早餐组合，恰逢高考恢复 60 周年，顺势引发“满分挺你”的营销战。在线上活动中，麦当劳定制了 70、80、90、00 年代不同的准考证版本。受众只需要输入高考年份，上传照片，就能生成一个自己 18 岁的准考证。

一图流的玩法被广泛运用，比如美图秀秀、某 App 推广的性格标签生成、脸萌的 Q 版头像、支付宝年度账单、“520”结婚证，还有 2017 年建军节刷屏的“我的军装照”等。

麦当劳高考恢复 60 周年时的一图流海报

《人民日报》“我的军装照”一图流

企业在选择一图流时也可以尝试在图片底部带上产品的销售信息或者电商二维码，让一图流传播品效合一。

luckin coffee 一图流海报底部有二维码

比如前文提到的刷屏的百雀羚案例，如果能在长图的结尾处带上一个二维码或者销售信息，那么高的阅读量一定能带来更为可观的效果收益。

第四章我讲过的神州专车“U+ 优驾开放平台招募司机”，其操作就是每个司机都能生成一张带二维码的海报，把海报分享到朋友圈，从而获得大量报名信息。

现在，企业新闻发布会的传播更要考虑一图流。

在今天这个时代，信息的传播其实变得比较容易。只要把公关稿件给到媒体或者通过社交媒体发布，就能带来一定的传播量，这基本替代了传统媒体发布会的固有模式。

那么为什么很多企业仍然坚持做发布会呢？

绝大部分原因在于现在的发布会其实就是一个秀场。企业希望大家在现场能获得更好玩儿的信息、更有趣的照片、更有价值的观点，可以让他们在朋友圈扩散。所以今天的发布会（比如锤子发布会、罗振宇跨年演讲），往往一张 PPT 或者一个现场图就能引爆朋友圈，其基于线上的二次传播效率相当高。

综上，一图流有很多好玩儿的方式，能直接给品牌带来关注和流量，可谓“自来水”。

初创企业不必追求大投入、大制作，通过热点做一些好玩儿有趣的一图流，也很有可能引发刷屏。即使没做到刷屏也不会有太多损失，因为图文、图片的成本相对较低，这样一来传播试错的机会就会多很多。

善用微信模板提升微信流量转化

前面提到要把微信服务号做成超级 App。除了对微信内容进行改造，善用微信模板消息、即时与用户互动和沟通，能更简单、更直接地提升微信流量转化。

目前，企业通过微信公众号平台与用户沟通的方式只有 4 种：

- 公众号群发消息（订阅号每日 1 次，服务号每月 4 次）。
- 被动回复消息（用户主动沟通后根据预设自动回复消息）。

• 客服消息（用户主动沟通后 48 小时内的即时消息）。

• 模板消息（用户授权后根据微信官方模板按需给用户发送消息）。

这些方式里面只有服务号群发消息和模板消息呈现在用户微信交互界面的首屏，与用户好友信息栏并列，具有非常高的信息到达率。

微信开发模板消息功能的本意是加强企业标准化客服功能，但越来越多的企业巧妙地通过模板消息功能实现了主动客服、间接营销的功能，极大地提高了用户的交互频次和转化概率。

如果说裂变主要为了解决用户拉新的需求，那么模板消息就是为了解决用户提频的需求。终极的提频就是将用户交互变成用户习惯，使用微信原生的模板消息功能提频是最佳选择。

根据模板消息的用户使用场景和消费周期，我们将模板消息归纳为以下几类。

新用户注册提醒

用户注册后，即时通过微信模板消息对其推送礼券，结合场景有效地诱导潜在客户形成消费行为，进而无缝地形成流量转化。

会员卡绑定提醒

会员卡绑定旨在搭建会员体系。通过微信模板信息对现有会员进行管理，以便留存和转化用户。

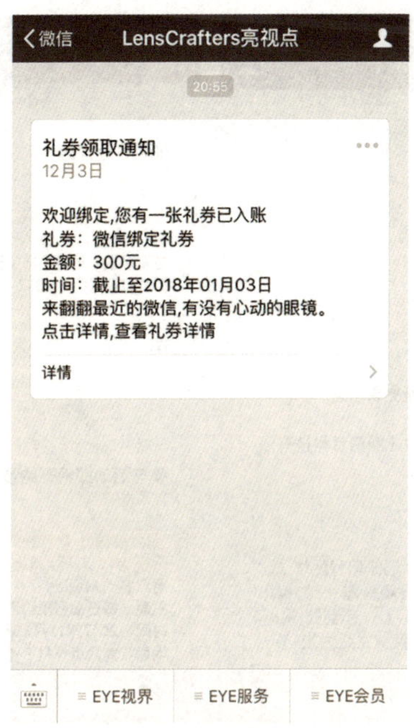

新用户注册提醒

积分变动提醒

把会员积分和微信模板消息打通，每次变动都即时提醒，让品牌和用户之间的互动更畅通。

卡券赠送提醒

用微信模板信息赠送卡券，一来触达更精准，二来转化更直接，从而实现更有效的提频。

用户消费提醒

用户消费之后，即时推送消费提醒，既增强了和用户的互动，

用户消费提醒　　　　卡券到期提醒

也提升了用户黏性。

商品配送提醒

通过微信模板消息让用户第一时间得知商品配送状态，使之与用户的消费行为产生深度关联，也让用户对官方微信的关注产生了必要性。

卡券到期提醒

用微信模板消息功能可以增强服务号的服务通知能力，每次触发不仅是消息提醒，更是对用户的唤醒，特别是卡券到期提醒这一功能，极大地降低了用户流失的可能性。

售后客服提醒

微信服务号一对一、一对多、多对一沟通的社交属性，让信息推送的触达更加精准。品牌利用微信模板在服务效率、服务体验上有了显著提升，服务成本也随之大幅降低。

微信小程序：O2O 的流量入口

微信已经成为从即时通信、新闻阅读，到出行、外卖、支付全包含的一站式应用。所以，当 iOS（苹果移动操作系统）和安卓 App 的下载需求不断下降时，基于微信的程序开发需求反而在增加。小程序的出现就是对应用程序的轻便化改造。其前身是 2016 年 1 月 9 日张小龙提出的微信“应用号”的概念，直到 2017 年 1 月 9 日，“应用号”正式更名为“小程序”并上线。

对小程序的愿景，张小龙用 16 个字加以概括：

“无须安装，无处不在，触手可及，用完就走”。

小程序是利用二维码承载信息和服务，实现线下到线上人和物的连接，旨在构造一种高效率、短路径的应用生态。它区别于订阅号和服务号，在不打扰用户的同时，满足用户所有线下场景的需求。

在上线后的三个月里，小程序连续更新，从开放长按识别二维码功能，到开放关联小程序能力，再到支持公众号群发文章添加小程序，一系列的动作都在不断完善和强化小程序 O2O 流量入口的重

小程序功能界面

要性。

“线下”“低频”“场景”“轻量”是小程序开发时的关键性技术指标。目前，在一些服务线下场景中，比如缴费、停车、查询、点餐等，小程序的应用比较普及。

小程序自上线以来有两款爆品出现：一个是“匿名聊聊”，另一个是“摩拜单车”。

> 2017 年 5 月 20 日，一款叫作“匿名聊聊”的小程序形成了刷屏的态势。玩法很简单，输入聊天口令，进入小程序，和朋友匿名聊天即可。借助朋友圈的扩散，加上小程序和匿名聊

天的噱头，4 小时内访问量达到 40 多万次。

但是这个小程序被微信封停了。封停的原因很简单：匿名聊聊并没有做到人和物的连接，也没有完成线下和线上的连接，这和小程序的初心背道而驰，下线是其必然结果。

据报道，摩拜单车自 2017 年 3 月底全面接入微信以来，每天有超过 50% 的新增注册用户都是来自微信小程序。该小程序完全符合人和物的连接、线下到线上用完即走的产品理念，是一个成功范例。

“线下”和“场景”是小程序使用的关键，没有线下场景需求，就无法触发小程序。就目前的市场培育状况来看，天气查询、餐厅点餐支付、公交查询、航班进程、物流信息等都是小程序可以开发的场景市场，也可以更快速地获得微信流量。

此外，小程序、微信服务号、App 所针对的用户需求不同，企业可以根据自身情况考虑技术开发布局。

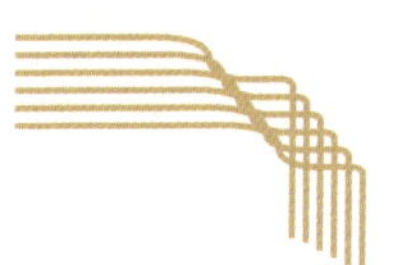

第七章

事件营销：“轻快爆”的流量爆发

在获取流量的各种方法中，事件营销一直是企业市场部比较青睐的。原因有两点：一是能够迅速打开知名度，聚集关注；二是可能以小博大，节约大量媒体投放费用，获取流量的性价比较高。

但要注意，随着移动互联网和社交媒体的出现，我们已经进入一个信息冗余和新闻速朽的时代，事件营销也不例外。

消费者现在每天接触到的信息要远多于他们愿意接收的信息。信息的超负荷接收导致信息的价值降低，消费者注意力成本增加，易形成审美疲劳。很多时候，你辛辛苦苦做的内容，消费者可能根本没时间看，也没心情接收。

同时，当下热点事件在受众脑中的留存时间越来越短，事件的影响力越来越弱。在 2015 年，一个热点的热度能维持 7 天左右，然而最近这两年，事件从爆发到结束也就 1~2 天，甚至可能就是一个上午，可以说来也匆匆，去也匆匆。

另外，用户对于刷屏级的事件内容越来越挑剔，企业以小博大的难度增加，这好比看多了好莱坞大片，再看一些低成本小制作电影，肯定难入法眼。没有明星，没有 IP，没有一定的媒介投放，纯靠好点子和一个线下活动，很难达到营销预期。事件营销投入越来越大，效果却不一定能影响到产品销量。

事件营销技巧的 5 个关键点

企业在进行事件营销的时候，有没有一些技巧可以借鉴呢？

首先，当下的事件营销都不应该做得太重。事件、热点来得快、去得快，所以事件营销一定要“轻快爆”地出创意，见效果。

“轻”指的是内容要轻，媒介选择要轻。太复杂、太花哨的创意在事件营销过程中不被提倡，而且媒介最好是选择线上的投放形式。“轻”本身就是为事件营销争取最快的时间。

“快”指的是传播速度、发力速度要快。当下的市场情况瞬息万变，如果预热准备期过长，等到创意出街，市场和竞争环境可能已经出现了巨大的调整和改变。一个好的广告作品可以打磨三个月甚至半年以上，但是一个性价比高的事件营销，首先要求速度要快，要超过大众预期。

“爆”是指事件营销的爆点要强而有力。现在的事件营销爆发的核心路径普遍都在互联网的社交媒体上，所以不论是创意设计还是媒介组合，都要围绕着社交媒体来设计。在“爆”的方面，有以下 5 点可以借鉴。

热　点

顾名思义，热点就是借势营销，借公众情绪达到推广宣传品牌的效果。追热点已经成为广告人、营销人的基本功，目的其实还是增加流量。代理商、广告主想要自己造出一个事件、一个热点的难度要远远大于借势热点的难度。而且在热点营销已经成为常态化的当下，这已经是一种保险的喧闹形式。

追热点有一个大忌：犹豫。追热点动作要快，可以提前储备，也可以及时反应。我在前面讲过多个快营销的案例，这里不再赘述。

爆　点

事件营销中的爆点，其实更多指向的是营销的"关键词"或"符号"。

每个事件营销必须有简短且辨识度高的主题词（一般为 5 个字以内的关键词，明确的双井号关键词，比如 # 逃离北上广 #、#Beat U#、# 丢书大作战 # 等），还要具有强化统一的视觉符号，创意要干净简单。

只有关键词和符号突出，才有利于大众的口口相传和媒体的报道描述。

卖　点

在事件营销的整个过程中，必须紧跟自己产品的核心卖点。只有把握住核心卖点，才能防止流量外溢，营销活动才能落地。比如，神州专车在创牌时的核心卖点是"安全"，所以"Beat U"主打的是黑专车的安全问题。神州买买车的核心卖点是爆款车特卖，所以王祖蓝的"买买舞"和直播一直围绕着"爆款"。

槽 点

社交媒体让大众传播变得更加便捷和简单，在人人都可以发声的情况下，吐槽的门槛越来越低。受众对于事件的参与度之高、扩散性之强，达到了一个前所未有的高度。品牌可以借助吐槽的势能，通过“埋槽点”控制受众吐槽的方向，然后借助段子手、普通网民的吐槽来保持话题热度，最后再进行收割。

槽点的设计有几个注意事项。

第一，槽点要能够引发话题争议。比如，在神州“Beat U”案例中，虽然大部分导向都在力挺优步，但也有不少网友支持专车安全，这种争议冲突让神州专车迅速成为话题中心。

第二，槽点要简单，便于网友介入。品牌要适当放低自己的身段，让受众感受到自己是可以“点评你的”（智商优越性），才能出现吐槽现象，就像“Beat U”里故意“吊打文案”安排了“怪蜀黎”的“黎”这个错别字，目的就在于此。

当然，吐槽是门技术，笑对需要勇气。

节 点

掌握事件营销的节奏，是长期经验的积累，也是执行的关键。

在事件营销中，关键人物和时间节点都很重要，可能会改变企业对本次事件的把控方向。比如，“斯巴达勇士”事件中，警察就是突发事件的关键人物，如果没有警察的控制，很可能这件事情的传播就会比较完整，甚至会有品牌露出。当然，这件事情也有可能不会让人记忆深刻，这都是抛开结果会出现的可能。

时间节点是必须考虑的变量。正常的事件营销时间最好安排在周二到周四，因为很多人这段时间都在上班，看到一个事件爆发可以顺便吐个槽。

周末休息时间话题一般容易遇冷，不做推荐。

竞争型话题一般都选在周四，这样竞品很难迅速在周五做出反应。

在选择关键意见领袖时，最好选择和自己调性相符的，以便进行传播配合。

"轻快爆"案例解读：闪送"我们是谁"

做事件营销，大家最喜欢说的就是 4 个字：借势，造势。

借势就是借助热点，迅速上位，它对于品牌的创意巧妙、反应速度有很高要求，绝大部分朋友圈热点海报都属于借势范畴，比如杜蕾斯。借势型的事件营销会投入更多，而不仅仅是海报，比如通过媒体投放、社会化营销话题、广告拍摄等来进行传播，做好了就会事半功倍，以小博大。借势目前是很多企业愿意选择的事件营销方向。

造势型事件营销，则是企业完全"无中生有"，自己制造事件和话题。很多一线品牌都以自己造势活动为主，一是权威专业，调性较好；二是可控性强，准备充分，不用像借势一样拼速度、拼体力。造势型的事件营销投入一般较大，风险也较大，很多都可能是企业自嗨，传播效果一般。

虽然前面讲过的“Beat U”属于造势范畴，但按我主张的“轻快爆”操作原则来看，我个人更推崇借势营销，投入较小，传播可能性强，成功概率会更高。下面讲讲 2017 年 8 月，氢互动团队操作的闪送借势案例，这个案例被很多媒体评为 2017 年度十大事件营销，本身效果转化也不错，值得展开叙述。

大家看到下图就会想起来，这是 2017 年曾经刷屏朋友圈的漫画《我们是谁？》，因为其简单、贱萌、易于文案 PS（图片处理）的画面，引起了很多跟风吐槽营销。各家文案纷纷撸起袖子开始追热点，但大多是换汤不换药地改改文案、修修图。

漫画《我们是谁？》朋友圈刷屏原图

"我们是谁？"各种跟风版本

氢互动团队抓住了这波热点，迅速跟闪送找到了结合点，并且在 24 小时之内为这个同城快递品牌打造出了真人版"我们是谁"。由于当时热点还没过去，真人版放出的速度实在迅速，文案既有趣也很接地气，让闪送真人秀马上刷爆朋友圈。

借势海报还不够，闪送团队又创造了第二波"轻快爆"，仅用一天时间，让闪送海报登陆北京各大写字楼、电梯间、电影院线户外广告牌（实际投放不多，但形成了网上第二波话题）。

这 48 小时的连续操作猛如虎。一是真人作图、修片、上稿件快，让很多网友甚至是广告同行都震惊闪送的速度感；二是线下媒体配合也快，能这么快就覆盖各个传统广告牌，也是超越了投放常识，从线上浏览到线下广告出现，这种神奇速度，引发了大量线下用户的关注和拍照分享。

我们是谁！
闪送！
我们是谁！
闪送！
我们在干嘛！
实力cos！
我们的客户是！
14亿同胞！
我们这次能火吗！
看吧！
他们在哪里！
婶婶的脑海里！
我们是谁！
闪送！
我们是谁！
闪送！
闪送三连！
快速！专业！安全！
像不像！
贼拉像！
这波广告硬不硬！
妥妥的！
你们也挺像！
萌萌哒！

迅速跟热点的闪送营销案例

据闪送企业内部统计，"我们是谁"在为品牌带来巨大曝光的同时，App 下载量仅两天就超过 3 万，实现了用户活跃度和移动端下载量的双暴增。可以说，这次借势型事件营销真正做到了品效合一。

“轻快爆”，在闪送这个案例上表现得比较充分。

- 内容很轻（就是海报实拍），制作简单迅捷，保证了快速实现的可能。如果是拍微视频或者制作素材复杂，就很难抓住此次机遇。
- 借势很快，并且与众不同，保证了在借势红海中脱颖而出，媒体上见刊快也给大家留下了深刻的印象。天下功夫，唯快不破。
- 效果爆炸。闪送不满足于仅仅海报借势，通过操作广告投放、“自有 App + 微信”跟进、社会化营销话题跟进，把小热点做成了一次实实在在的事件营销，收获了增长效果。

“小活动，大传播”：丧茶快闪店

我推崇的“轻快爆”原则，在事件活动中也可以理解为“小活动，大传播”。线下投入不要太大，实际也影响不了太多人（能超过 2000 人都算规模大的），传播的核心和主要成本一定要放到线上，通过具有创意的线下小活动，迅速引爆线上大话题。

2017 年，最有趣的以小博大事件营销，非网易“丧茶”莫属。作为一家“哭着做茶”的丧茶店，网易新闻和饿了么联手打造的仅有 4 天的快闪店成为年度事件营销中的经典案例。

事件起因是2017年2月，喜茶入驻上海来福士引发了空前的排队风潮，喝一杯茶需要排队2~3个小时。这一现象引起了网友们的吐槽，更有网友认为应该在喜茶对面直接开一家丧茶店。于是，网易新闻和饿了么合作的丧茶快闪店就从段子里走了出来。

丧茶最初只是网友们针对喜茶的玩笑，可没想到最后真的落地，并迅速蹿红网络。仅半天时间，丧茶开店的消息就出现在社交网络及各大新闻平台，引得网友们纷纷围观并自发传播，刷屏2017年的夏天。

我们看看丧茶是怎样小活动、大传播的。

首先，在这个话题的选择和执行成本上丧茶拥有先天优势。

因为有了之前的持续发酵，丧茶快闪店甚至不需要太多的预热就能自带热度光环，直指年轻网络人群。据了解，丧茶快闪店是直接承包了一家传统奶茶店进行店头改造，工期非常短，成本低，除了店头和产品菜单，其他的都不需要改造太多，保证了活动执行速战速决，能够集中精力线上爆发。

其次，丧茶主要集中了三个趣味点，通过大量自媒体号进行网上的发酵扩散。

第一，丧茶的命名。因为与喜茶唱对手戏，且这个名字非常有网感和大胆，店铺装修和杯子包装也采用了黑白丧的主题，所以迅速吸引了大量年轻人的讨论和吐槽。

丧茶的店铺设计

丧茶产品设计

第二，丧茶的菜单。这是最易于网络晒单和转发的核心内容，是创意重点。在菜单产品上，推出“你的人生就是个乌龙玛奇

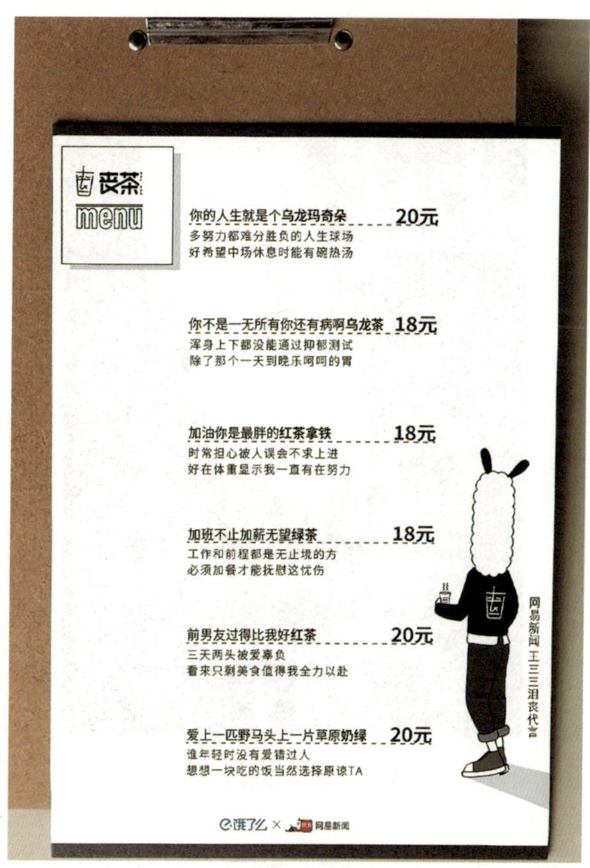

丧茶的创意菜单

朵""加油你是最胖的红茶拿铁""你不是一无所有你还有病啊乌龙茶"等6款"丧爆单品"，让年轻人自发和产品拍照并传播扩散。

第三，制造网红代言。兼任"网易新闻主编"和"野生内容官"的王三三沮丧代言。这只羊驼用它标志性的"生无可恋脸"诠释了"丧"的真正含义，这也再次吸引了大家的好奇心和网络分享欲望。王三三后来也成为网易新闻的一个知名IP。

“网易新闻主编”王三三代言丧茶

结果可想而知，这么有趣的快闪店、切中情绪的丧茶菜单，还有恶搞羊驼王三三，引发了全网关注和吐槽，丧茶店不仅成为排队网红店，而且大量的图文（尤其是菜单）网络刷屏。

当前快闪店营销已经越来越多，65% 的快闪店租赁期在 10 天以内，这样的时间周期正好适合一个事件营销的发酵和引爆。而且快闪店作为品牌线下场景的入口，能够通过创意性的装饰打造为受众提供沉浸式体验，是企业进行事件营销的一个创意测试方向。

事件营销的转化效果

成功的事件营销可以获得流量短暂爆发，但是变现是很有难度的，因为在传播过程中，大家关注的点不同，不一定马上能落实到消费层面。

那么事件营销究竟能不能为企业和品牌带来效果转化呢？

有很多事件营销其实是为了事件本身而做的营销，最终事件火了，但品牌或销量效果很难保证。

例如上文提到的"斯巴达勇士"，事件确实能带来很大的关注，瞬间爆发巨型流量，却让受众的关注点聚焦在事件本身，而忽略了背后的品牌（很多人都忽略了"甜心摇滚沙拉"这个品牌主）。

同样，对于"逃离北上广"这个由新世相操刀的著名案例，也有一些质疑的声音，认为舆论关注事件的焦点被引导到了创意代理商（新世相官微）身上，反而忽视了品牌主（航班管家）是谁，觉得品牌主是为媒体炒作在买单。

还有2015年刷屏的"只要心中有沙，哪儿都是马尔代夫"案例，很多人以为是去哪儿或者携程策划的病毒事件，其实幕后的真正品牌主是途牛。这张图片和后来发布的一些图文，与途牛网自身信息分割太多，确实会让受众一笑了之，以为是网友纯恶搞。

这些流量、声量和关注度到底能不能带来品牌增长？我感觉悬。

途牛网事件营销

以流量池思维来看，事件营销要把火力集中在品牌本身或者核心卖点上，才能让流量和销量挂钩，即使会牺牲一些创意的趣味性，也比事件火了但品牌没人知道带来的尴尬要好。

当然，事件营销也可以分成品牌和效果两类：品牌类通过一个刷屏级的事件提升品牌声量，抢占消费者的心智，打造品牌知名度；效果类就是把通过事件营销瞬间爆发的巨大流量，迅速转换成实际销量。

比如，神州专车“Love U”的案例就是一次偏品牌与公关型的营销。这次营销并没有给神州专车带来太多切实的单量，却是一次和“Beat U”呼应的反转型营销。仅 24 小时便完成创意构想、拍摄与设计、文案撰写、媒介投放，微信服务号当天阅读量超过 93 万，微信文章分享量达 4 万次。

神州专车“Love U”微信海报

现在很多企业都喜欢把“搞事情”当作营销标的。毕竟当我们说起在社交媒体上做一波营销战役时，想到的肯定是先做一组海报，再做个 H5，传播上选择双微平台、大 V、KOL、自媒体组合拳，预算够的话再来个直播……但总感觉缺点什么，那就“搞个事情吧”，小范围的影响力度毕竟有限，“搞事情”才能引起大圈层关注。

但是有多少事件营销最终都沦为一场广告主和代理商的自嗨，又有多少事件营销能真正带来效果转化、能真正让企业卖出货？这些都是企业在选择做事件营销之前就要考虑清楚的问题。

第八章

数字广告（上）：怎样投放数字广告更有效

在流量池方法中，虽然我们讲到了很多低成本的获取流量的方式，但仍然不能放弃最直接获取流量、成本高但效果好的方式——广告投放。

在本章中，我们会重点介绍移动端广告投放的流量转化。在手机上，广告展示、点击购买、移动支付已经形成了完整的购买链条，相比于传统广告，显然转化链条更短、效率更高，更容易做到效果的反馈和分析，也更容易实现品效合一。

现阶段的广告投放大致可以按照媒介形式的不同区分成两种：一种是传统媒体的品牌型广告投放，例如电视、电台、报刊书籍和户外广告牌等；另一种是基于互联网和移动互联网，通过大数据分析标签定向技术而实现的精准广告投放，比如搜索引擎营销、信息流广告、DSP 等互联网效果广告。

传统广告投放和互联网效果广告投放的明显区别是：企业在进行传统广告投放时只能依靠市场人员的经验，进行初级的用户分析和投放分析，很难完成效果追溯；互联网效果广告投放则可以通过大数据标签化的精准定向，根据投放效果即时调换创意形式，达到最后的效果追踪。

互联网效果广告基于大数据分析的技术手段，能够实现对受众的标签定向。同时利用媒体圈的概念，把品类相同的媒体进行捆绑售卖，于是就出现了相当不错的精准广告。

但是，广告商口中的大数据究竟是多完整的大数据？对受众完成标签定向究竟有多准确？媒体圈售卖的网站广告位究竟是不是好位置？好的位置价格很贵，争抢的人众多，而品相一般的广告位流量不多，位置不佳，怎么实现精准？这些问题，都值得展开探讨。

防作弊，需要全程数据监测

企业做市场的时候普遍会有一个共同的愿景：希望所有的营销都是有效的，希望所做的投放都是精准的。

可事实往往并不如愿。从近 100 年的广告史来看，不论是依靠经验判断、强媒介投放资源的传统广告，还是倚仗大数据分析、目标受众的标签，到目前为止，定向投放的互联网效果广告都没办法实现绝对的精准化。营销的精准化更多的仍然是广告商和媒体过度包装的概念，在我看来，更为准确的表述应该是“高相关性营销”。

市场调研机构艾瑞咨询发布的《2017 年中国网络广告市场年度监测报告》中的相关数据显示，2016 年，中国整体网络广告市场规模达到 2900 亿元的量级，其中移动广告市场规模突破 1750 亿元，预计到 2019 年移动广告市场规模将突破 5000 亿元，在网络广告市场中的渗透率近 80%。

虽然数字广告的市场份额在逐年递增，但不可否认的是，效果广告的“黑洞操作”也越发严重。

2014—2015 年，全球范围内有关流量欺诈的基准线都未曾变动过。宝洁首席品牌官毕瑞哲 2017 年在美国互动广告局年度领袖会议上发表演讲时，着重强调了媒介供应链中的透明度、标准统一化、代理透明化的重要性。这些“黑洞操作”不仅严重浪费广告主的预算，还影响到对媒介投放是否有效的衡量与评估。

数字广告流量作弊的特征

数字广告常用的计费方式，一般分为如下几种：

- CPM，即以每千人次浏览计费。
- CPC，即以每点击一次计费。
- CPA，即以每一个有效行为（比如下载、注册）计费。
- CPL，即以每一条客户留资信息计费。
- CPS，即以每一件实际销售产品计费。

投放数字广告的逻辑是：先需要被看到，才有可能发生进一步的点击、浏览、注册（或留资）、购买等其他行为。

从展现到点击是广告数据的源头，没有展现的转换、没有曝光的点击一定存在问题。下面这张图，从高到低展现了数字广告流量作弊的难度。

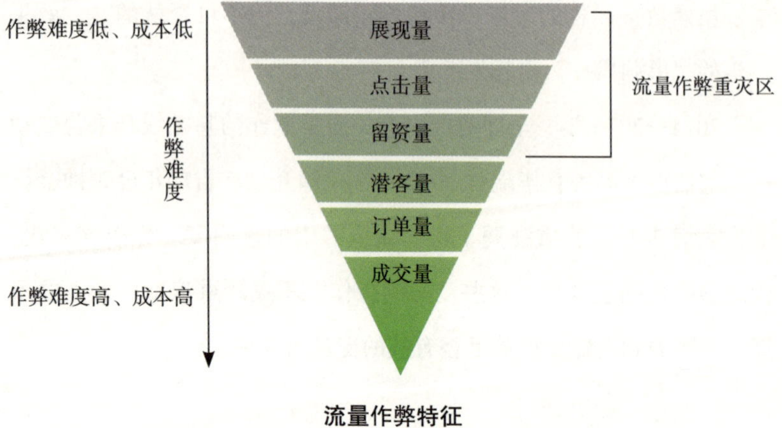

流量作弊特征

我们可以清楚地看到，展现量、点击量、留资量这三个环节很容易产生流量作弊，因为这里是数字广告的投放源头。即使是留资这种需要用户留下手机号的操作，看似并不容易作弊，但由于私隐的泄露，一个手机号几角钱已经不算媒体投放的秘密。

只有当用户使用、交易的行为越深，作弊的难度才会越大。用户转化成企业潜客（交付定金）、用户下达的订单量以及最终的交易量，在这三个环节几乎不会存在流量造假。

企业只要从交易的最终成单量就能反推出 CPS，掌握自身的 CPS 后，通过倒金字塔追溯，基本上就能清晰地知道流量作弊浪费的资金有多少。

企业使用第三方监测靠谱吗？

从互联网时代到移动互联网时代，先后涌现出多家第三方广告数据监测工具和平台，其中比较有代表性的有 Double Click 、秒针、

AdMaster、友盟和 TalkingData（北京腾云天下科技有限公司）。

Double Click 是全球最大、最知名的广告数据平台，2007 年被 Google 收购，产品功能丰富，包括广告发布、管理、追踪等，属于“裁判 + 教练 + 运动员”型选手。优势是 Google 的平台和技术。

秒针是中国国内最早的广告监测平台，2006 年成立，核心业务就是数字化广告评估和优化。2011 年 WPP 集团（世界知名广告传媒集团）入股。优势是拥有国内最大的广告监测群，日最高处理 1000 亿次曝光请求。

AdMaster 是独立第三方 DMP 平台，2006 年成立，产品研发和创新能力较强，可为品牌搭建一站式自动化营销平台。2014 年蓝色光标入股。优势是跨屏监测和社会化媒体平台数据监测评估。

友盟是常用的移动开发者服务和数据统计平台，2010 年成立，每天覆盖全网 7 亿真实活跃消费者，为超过 145 万款应用以及 700 万家网站提供全域数据服务，2014 年被阿里巴巴收购。优势是每天触达 14 亿活跃设备，每月覆盖 80% 以上新增手机消费者，几乎覆盖全部 iOS 消费者。

TalkingData 是第三方移动数据服务平台，2011 年成立，平均月活跃用户为 7 亿，为超过 12 万款移动应用提供数据服务，2014 年获得软银投资。优势是对接 300 余家广告平台，以及 10 多万应用开发者。

以上几种广告数据监测工具和平台核心功能大同小异，只是业务侧重点不同，基本能够满足广告主的大部分需求。

但第三方数据监测平台只能提供 App、网页等单一终端表面的数据统计及分析（如PV、UV、停留时间和按钮点击热度等），无法多平台整合、统计并追踪用户行为数据，对用户消费及消费后续行为统计就更加困难（企业也不允许这部分核心数据外泄），因此很难通过表面监测杜绝作弊行为。

一般企业在进行数字广告投放时，都应该得到三端的数据：第一，媒体端数据，包括来自投放媒体的展现量、点击量、点击率、关键词消费、点击价格等；第二，自有网站端（落地页）流量数据，包括PV、UV、跳出率、停留时间、下载客户端等；第三，销售端的订单数据，包括留资量（电话采集）、潜客量（定金意向）、订单量、成单量（订单最终成交）等。

理想状态下，如果企业能够有效地聚合三端数据并且彼此对比验证，就可以大大降低流量作弊问题，提升营销效果。

但目前为止，无论是第三方监测还是企业自建平台，广告效果监测最艰难、最根本的问题是——三端数据无法打通。

在大部分企业，这三端的数据很难同时集中在市场部手中，并被精细地串联使用。

媒体数据由媒体或代理商掌控，网站流量数据掌控在企业的市场部门，订单数据掌握在企业的运营销售部门或财务部门。因为这三个部门的数据不能打通，导致企业无法得知一条广告的投放能带来多少最终成单，更无从得知哪些媒体渠道的投放对企业真正有效，只能模糊地判断广告投放效果。

目前国内没有任何一家第三方监测机构可以承诺监测到三端所有数据，如果媒体不够开放、代理商从中注水、广告主不肯提供销量数据，那么数据监测就会出现很大问题，给作弊留下了空间。

针对数字广告流量作弊的应对办法

作为持有广告预算的广告主来说，最强烈的需求就是防流量作弊，那么有没有什么办法可以尽量规避一些流量作弊呢？

制定科学的 KPI（关键绩效指标）

很多广告主被流量作弊行为蒙蔽的根本原因是只追求效果，制定了不现实的 KPI，逼着广告代理不得不造假，这是甲乙方要共同面对的问题。

有些企业把投放部门的 KPI 考核定在展现量、点击量、留资量这三方面，投放部门为了给出满意的数据，也自然会导致代理商造假。

如前分析，企业可以将 KPI 考核多定在潜客量、订单量甚至最终成单量上，才能更加准确地了解正常点击、曝光和转换数据范围，一旦超出正常范围就要提高警惕。

企业要建立全程数据监测

企业如果真的想要实现精准化的投放，企业的管理者就一定要有全程数据监测的意识。

通过技术自主搭建监测系统，把投放的“三端六环”（三端：媒体数据、网站流量数据、订单数据；六环：展现量、点击量、留资量、潜客量、订单量、成交量）真正打通。

这样，企业基本上就能清楚哪个投放渠道、展现媒体对自己是有利的，哪种推广形式能带来明显的效果转化，企业就敢在数字营销上花更多的广告费，也就能知道那 50% 的广告费到底花到哪儿了，同时避免更多的盲目投放。

投放有没有效，请你进“神庙”

从上一节我们已经知道，效果广告是否真正有效的关键就在于：三端的数据能否实现互通共享。这牵扯出另一个问题：品牌主需要的投放数据管理平台是什么样的。

我们用神州的数据管理平台为例来说明。对神州来说，同样会面临和很多企业相似的投放痛点。比如，精准营销落地难，营销成本分析更难，广告渠道效率难以判断；用户行为数据缺失，无法进行用户特征及画像分析；企业决策数据依据不足，无法精准分析业务效率问题等。

于是，神州团队在数字监测系统上发力，打造了“神庙系统”（Temple System），用于监测各种数字广告投放效果。

神庙系统可以有效解决两个问题：第一，实现企业各个架构数据的流通；第二，对营销数据实现漏斗级的监控。

神庙系统首先拿到第一方数据，即企业在之前的生产经营以及推广过程中所积累的数据，包括品牌的广告投放数据、官网数据、社交数据、客户关系管理数据、订单数据、客服中心用户记录数据等，这些数据往往真实精准。

在内容层面，品牌第一方数据除了包含比较标准的标签，还包含一些用户的详细互动数据，以及在不涉及用户隐私的前提下收集到的广告和媒介行为数据。

企业只要详细地分析利用这些数据，就可以轻易地避免很多投放浪费的问题。

我们用“神庙”举例。

神庙系统涵盖了神州买买车、神州租车、神州专车、神州车闪贷在内的神州优车旗下四大产品的数据参数，同时打通了订单数据、媒体数据、网站流量数据的三端数据。这些数据聚合在同一个象限上，很容易就能知道哪些推广渠道是有效的，哪些推广形式是可复制的，所有的数据都一目了然。

比如，神庙系统上线后为神州某个业务带来了显著的效果，成单成本连续 5 个月下降，成单量逐月上涨，划分出高效媒体、关键词、创意，排除了 40% 的无效广告费。

此外，神庙系统还能实现 SEO、SEM 的效果最大化。

神州租车是服务型且品牌知名度高的企业，用户在搜索引擎中每日检索神州租车品牌词高达数万次。但大部分检索来源是老用户，如果 SEM 投放是以拉新为目标，投放品牌词的结果肯定会导致拉新成本过高。

掌握数据之后，在不断的投放试验下，神州租车最终选择采用“SEO + SEM”相结合的投放方式，让预算花得更有价值，效果也更为理想。

除了实现 SEM 关键词的新老用户区分，神庙系统还同时开发出 SEO 订单数据，为“SEO + SEM”策略提供数据支持。

结合 SEO 的自然关键词排名，SEM 投放策略进行大幅调整；品牌词中包含大量老用户的流量使用 SEO 自然排名承接，而 SEO 排名略差的通用词、竞品词使用 SEM 投放，最终达到整体花费不变，而新客、订单量整体提升的效果。

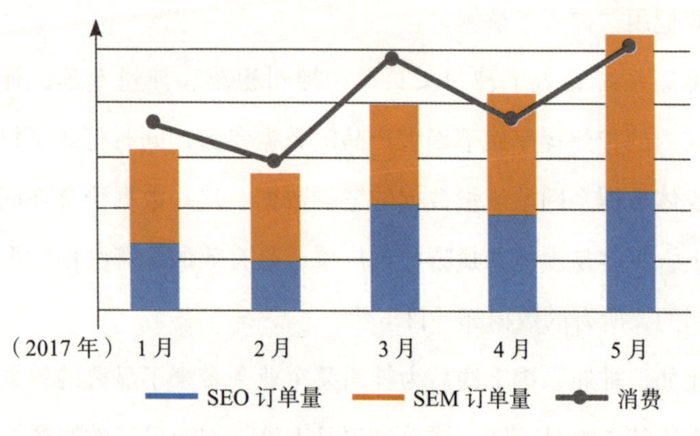

神州租车“SEO+SEM”订单量

从神庙系统我们可以看出：企业要打通营销流量和订单数据关联，能精准分析各渠道广告营销成本，并且能对用户行为特征进行量化分析，更加精准地了解用户需求，有针对性地提供广告投放。

为了充分挖掘和积累数据价值，品牌自建第一方数据管理平台，把数据掌控在自己手中是不可或缺的。同时，第一方数据管理平台还必须有能力安全地对接其他第三方数据，最大化地挖掘数据价值。

哪些数字广告投放形式最靠谱

在移动互联网时代，程序化购买已逐渐成为主流的广告投放形式。

用程序的方式代替人工操作，既可以节省人力成本，也能让广告投放更加精确化。程序化购买作为一种智能化、个性化的数字营销形式，是颠覆传统广告行业的商业模式。易观发布的《2017 中国程序化购买广告市场年度综合分析》显示，2016 年，中国移动用户增长率高达 8.8%，移动市场需求量增多，同时程序化广告市场规模高达 308.5 亿元，同比增长 68.1%。

虽然数字广告的市场配额在快速增长，但是在通过精准投放实现营销实效的问题上仍存在很多问题。流量欺诈和可视化是制约未来发展的关键性因素，要解决这一问题，不仅需要引起整个行业的足够重视，还需要国家增强监管力度。同时，广告主清楚数字广告投放流程，掌握和了解每种投放形式也是重要的一环。

以下几种效果广告投放形式，哪些可以为企业快速带来真实流量效果，我们来分析一下。

SEM 越来越贵怎么玩？

SEM 渠道的主要资源是各大搜索引擎流量。目前针对移动互联网端的推广渠道大致可分为两类：关键词广告和展示类广告。

国内关键词阵营主要有 4 家：百度搜索、搜狗搜索、360 搜索、神马搜索。展示类广告包括百度联盟、百度 M–DSP、搜狗网盟等。投放广告的展现形式更加多样化，如文字链、图文、横幅广告、视频等。

由于百度的垄断特性，同时竞价行业向着正规化发展，从业人员的操作方式越发相似，如账户结构类似、落地页设计相同、咨询相同，连话术都一样。总体来说，各个搜索引擎的流量变现产品的展现样式基本相同。

在如此同质化的情况下，价格也在不断上涨，百度营销成本每年都有 15% 左右的浮动。

在这样的情况下，那些曾经盲目、片面的优化工作对整个账户效果提升已经起不到太大作用，需要具备更加系统和全面的优化思维和技巧才能适应当下情况。

投放前的趋势分析

要想做好搜索引擎营销，就一定要在投放前进行趋势分析。时刻关注数据动态，找到波峰和波谷出现的时间点，记录并分析出现原因。按照推广时间和周期，常备消费、转化量、转化成本三个基础性数据。

关键词更换

关键词更换是 SEM 中重要的环节，也是控制营销效果的关键因素。企业不能对关键词的选择一视同仁，一定要根据投放情况，及时调整账户结构、预算控制、出价、创意的制定。

其实关键词的选择阶段就是关键词制定账户策略的阶段，很多通用词、行业词由于竞争激烈导致其出价往往很高，会占去投放总消费的一大半。而转化率比较高的词汇由于出价和语段问题，得不到充分的展现和点击。所以一定要通过对关键词的选择和流量控制，找到最佳的配比值。不断结合产品特性，不断尝试新词，增加相关搜索量带来更多新的转换；结合实际情况，把优化作为日常工作，根据节假日或热点经常更换关键词。

不断优化激活成本和拉新成本

盲目调价的时代已经过去，企业需要花更多的精力调整账户策略，花最少的钱买最精准的流量，同时不断优化激活成本和拉新成本，降低高成本转化的消耗，提高低成本转化的消耗。

除常规维度的数据分析外，还要进行多维度数据分析，比如统计时段、设备、地区的转化数据，找到效果比较好的维度进行放量操作。出价的多少要根据转化的情况来确定，避免非理性出价。

根据统计营销流程、计划维度的转化、关键词转化三个常规维度的数据进行分析，找到更加有效的优化方法。

不断优化落地页

落地页起到承接和转化的作用，是最关键的环节。通过落地页的不断优化，根据不同活动内容设计落地页提升转化，以达到尽快拉新的目的。落地页具体如何优化，参见本书第十章。

原生广告和信息流广告

原生广告是伴随着智能手机及移动互联网浪潮流行起来的新型广告形式。

很多时候，植入广告要比硬性推广的广告效果好很多，就是因为植入广告可以把品牌及产品的特性通过视听等形式融入某一情景中，实现潜移默化的宣传效果，在加强受众认知的同时也减少了受众的抵触心理。

原生广告也是同样的道理，就是将广告变成内容。

以前，互联网广告主要形式之一就是图片 banner 广告。但是 banner 广告的用户体验十分不好，从视觉上对用户来说是一种骚扰，与网页整体环境是割裂的。

原生广告的出现打破了这种突兀的广告投放形式，它通过场景化、定制化、融合性的内容和当前页面环境整合，实现真正的一体化阅读体验。

原生广告在形式上可以和 App 内其他因素融为一体，在视觉上弱化了干扰，同时也能以 App 或者社交媒体的“推荐”“信息流”的方式出现，巧妙地避开了对用户注意力的干扰，提高了广告的效果。

最先践行互联网原生广告的是推特，它最先开创了信息流广告并应用于移动端，解决了移动端广告展现问题。

Facebook 于 2012 年 1 月也开始了信息流广告的尝试。从个人计算机端延伸到了移动端，并顺应移动互联网时代的广告营销特点，以用户为中心进行精准投放和互动改进。2014 年第三季度，Facebook 广告收入中 66% 来自手机等移动端，信息流广告点击率比 PC 端高了 187%，而且这些广告都可以评论点赞，就像朋友们发出的动态一样。

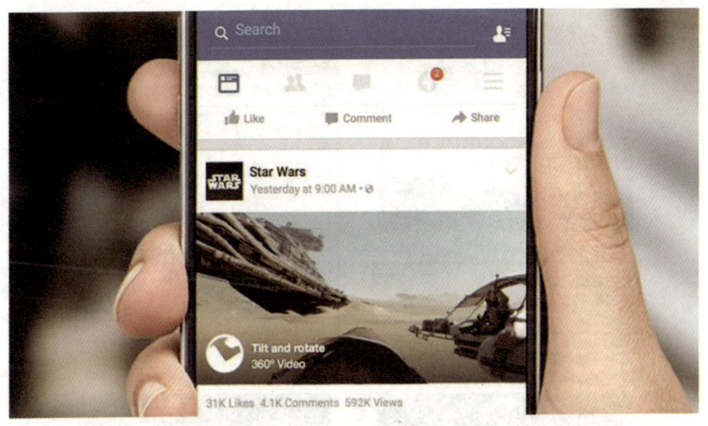

Facebook 信息流广告示意

在国内，微博、微信、今日头条、陌陌都是信息流广告头部产品的代表。百度在 2016 年末也上线了信息流广告。互联网巨头纷纷布局信息流广告，不仅是看到了它基于内容而产生的广告红利，更是因为信息流广告是继 PC 端搜索广告之后，在移动端最有价值的市场。

信息流广告的投入到底值不值？答案是肯定的。

推特前亚太区副总裁阿利扎·诺克斯表示，信息流广告有着比 banner 广告高出 220% 的点击率，不仅能弥补搜索广告的不足，更能有效地激发用户需求。

华为曾在推特上为其智能手机 Ascend Mate7 投放信息流广告，并嵌入一段广告预告片视频。最后的反馈数据显示，用户平均互动率超过预期 193%，推特追随者增加了 3.5%。

百度移动想要在北美市场拓展百度魔图 App，最后选择了推特的 App Cards 广告产品，而最终关注者增加了 2.7 万多，App 下载率达到 1%。

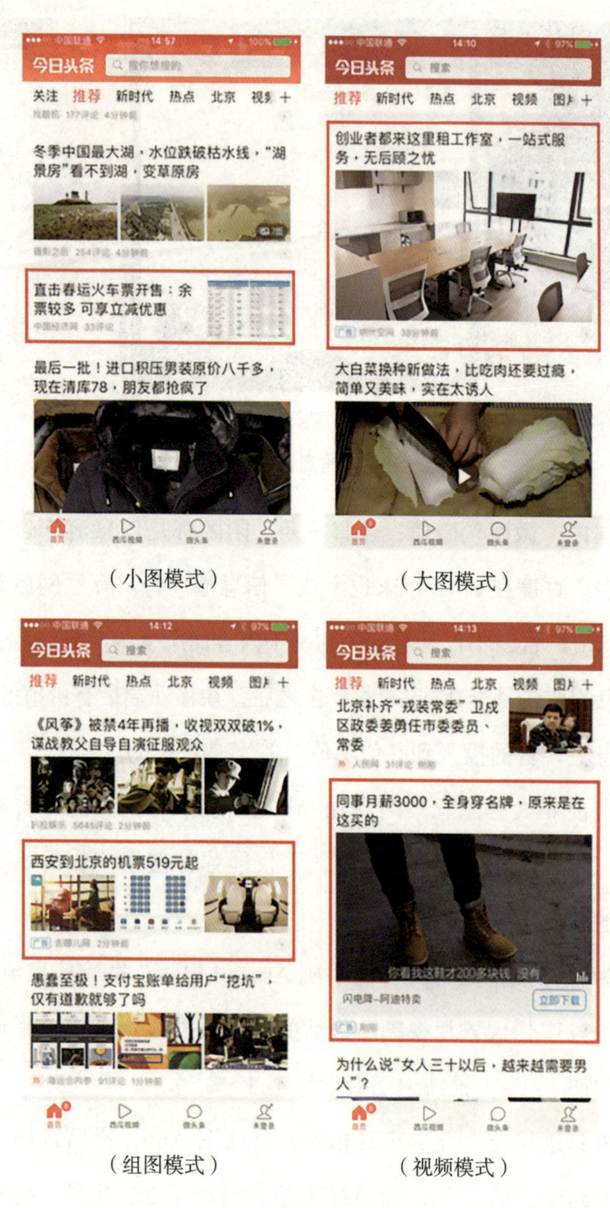

（小图模式）　（大图模式）

（组图模式）　（视频模式）

今日头条信息流广告

在 PC 端，搜索广告的逻辑是“人找信息”；而到了移动互联网时代，情景化、定制化、融合性的内容分发采用的则是“信息找人”的反向路径。

那么，信息流广告到底怎样才能实现效果最大化？

明确广告想要突出的核心卖点

在创意开始之前，提炼产品的核心卖点，然后根据这个卖点定向找到精准的受众群体。

要有极强吸引力的标题

信息流广告欢迎“标题党”，对标题文案功力的要求是很高的。要在海量信息中通过几个关键性的词句，结合热点和引发好奇心的卖点，在信息流中吸引关注和点击。

配图要精美且生活化，避免太广告化

“视觉的锤子，语言的钉子”。图片相比文案更容易唤起受众情绪，能传递高效信息，所以精美、有创意且生活化的配图更占据优势。

在制作信息流广告时，需要注意生活化，要做成不像广告的广告才能更好地达到传播效果。

最贵信息流广告：微信朋友圈要不要投？

作为信息流广告的一种，微信朋友圈广告已越来越常见了，通

过整合亿级微信用户流量，朋友圈广告为广告主提供了独一无二的社交推广营销平台。

朋友圈广告门槛也在一步步降低。2016 年，百万元级别的投放门槛，28 个行业的头部客户才可以参与；如今，排期广告 5 万元就可起投，本地推广的竞价方式只要日预算 1000 元起就可以投放。微信朋友圈广告投放门槛降低，让几乎所有的企业都可以参与投放，一方面接地气了，另一方面流量竞争也越来越激烈。

目前，微信朋友圈广告的收费策略根据投放广告类型和地域稍有不同，平均是 100~150 元一个 CPM，北京、上海则要 180 元一个 CPM。相对于其他信息流广告平台平均十几元一个 CPM 来讲，微信朋友圈广告算是“最贵信息流广告”。

但是，在众多广告流量中，微信朋友圈流量确实是优质而精准的，值得企业投放尝试。在我操作 luckin coffee 的投放过程中，我们很多时候遇到的问题不是为花钱多苦恼，而是因为花不出去钱、买不到足够的流量曝光而烦恼，相信这也是很多在朋友圈竞价的企业主面临的问题。

比如 2018 年 1 月 18 日，微信广告助手罕见地发布了流量紧张通知，这放在其他广告平台是很少见的，可见微信朋友圈广告的竞价火爆。

就我的投放经验而言，微信朋友圈广告是一个很好的品效结合的广告渠道，在 luckin coffee 广告的投放中，我使用了微信的两种投放模式，都是品效合一的。

朋友圈广告流量信息同步

2018-01-18 微信广告助手

近期朋友圈广告流量紧张的日期集中在**2月8-10日**和**2月15-17日**。具体详细的流量竞争情况，建议以自助投放端查询为准。

有任何疑惑，欢迎留言咨询“微信广告助手”，在线客服会及时为您解答。
客服在线时间：工作日 09:00-18:00

2018 年 1 月 18 日微信广告助手发布的通知

LBS 定投广告

这个投放很适合线下有实体店的零售商家。借助 LBS 技术，朋友圈本地推广可以精准定向周边 3~5 公里人群。无论你是新店开业、促销，还是新品上市、会员营销，朋友圈定投广告都能有效触达顾客，提高门店顾客到访。商户可以通过门店名称加强所在地用户对商家品牌的认知。本地推广广告不受 5 万元单次投放门槛限制，每天 1000 元即可起投，便宜又灵活，不支持排期广告，只能选择竞价的方式投放。

例如，luckin coffee 作为全新的新零售咖啡品牌，我们想要它在开业当天引爆客流，就选择了以单店为核心的 LBS 定投，整个设计简单美观，原生感较强。为了提高转化率，我们设计了新客户首杯免费的活动，这大大吸引了用户对该广告的关注，广告的平均点击率达到 3.5%，领券率超过 40%，在同类广告中遥遥领先。

虽然当天的领券获客成本一般都很高，但通过后续转化，以及 CRM 短信通知，一周后的 CPS 可以降到比其他渠道更加便宜，仅次于用户裂变。

luckin coffee 的朋友圈 LBS 定投广告

排期品牌广告

这是最常见的品牌投放形式。为什么叫排期呢？这是相对 LBS 定投广告而言的。LBS 定投广告是一种竞价机制，如果今天在同一商圈竞价广告主很多，那可能你出价再高也拿不到太多流量，因为大家都在抢。

而排期广告是品牌为了充分展示广告，提前进行流量合约的锁定，比如我需要下周三在北京购买 1000 万 PV 的流量，那提前一周多进行广告排期，在微信广告后台提交申请和账户充值，就可能提前购买到下周三的 1000 万流量。

luckin coffee 品牌朋友圈广告投放

相比于 LBS 定投广告，排期品牌广告展现形式就比较多样了，现在一般流行的就是外圈投放 6~15 秒视频广告。当然，广告主可以通过微信提供的广告模板，进行图文、视频、选择卡片等各种形式的设计，在形式上比 LBS 定投广告要丰富得多。

但是，从转化效果（下载、订单）来看，我个人感觉品牌广告是七三开，即七分品牌、三分效果，而 LBS 定投广告因为精准促销，可以是三七开，即三分品牌、七分效果。

这个就要看广告主的需求到底是什么。如果想快速增加企业品牌曝光，并且是针对目标人群的曝光，可以选择品牌推广。用图文形式或者视频形式，根据目标用户人群画像，选择城市、区域、性别、年龄、手机设备、上网环境、兴趣爱好等人群标签，提前 1~28 天预定排期，一次广告计划可以选 1~5 天，5 万元起投。

如果要推广自己的 App 下载或者公众号加“粉”，就可以选择竞价的方式购买广告，一次最长投放 10 天，日预算 1000 元起投。

这个效果好控制，素材更换也灵活。

如果像 luckin coffee 这样有线下实体店，有促销活动，想要把广告推送给门店周边的人群，最好还是选择 LBS 本地定投形式。

DSP 广告到底靠不靠谱?

即使在数字广告市场培育较好的当下，DSP 也不是一个流传甚广的概念。大家可能还不清楚什么是DSP，什么是程序化购买广告，那就先来普及一下。

DSP 是服务于甲方（广告主）或代理公司，集媒体资源购买、投放实施优化和出具分析报告功能为一体的一站式广告需求方平台。

我们都有购物的经验。我们购物的时候没必要搞清楚每一种商品的品类、原产地、代理商，然后一家一家上门采购商品。我们只需要选择一个像超市、商场这样方便统一的购物入口，然后按照自身的需求、预算、标准进行挑选就行。

同理，需求方平台其实就是一个大型媒体超市或者商场，广告主需要按照自己的定位人群和广告预算，通过实时竞价机制挑选和购买来自各种资源渠道的广告流量。而且购买是针对每点击一次来付费（CPC），类似于在商场里看上某件商品，只有用户拿到收银台结算的那一刻才需要付费。

DSP 广告可以将纯受众购买发扬光大，实现通过标签识别用户，针对每一次展示机会进行竞价购买（RTB），摆脱对单一媒体的依赖。相比于传统媒体的展示类广告，DSP 广告确实更为先进和精准。目前，BAT 都有自己的 DSP 平台，最知名的如腾讯社交广告、腾讯智汇推、阿里妈妈、网易有道、新浪扶翼等；第三方知名 DSP 广告公司有品友互动、亿玛在线、聚胜万合（MediaV）等。

但是，因为“多平台标签投放”“千人千面”的特点，所以对广告主来说，根本看不到广告投放到哪儿了。这是比传统广告浪费更让广告主焦虑的事情，至少在传统广告上什么时候上线了、在哪里展示了还是能够看见的，而现在 DSP 广告由于碎片化、标签性、多平台投放，广告主只能依靠投放后代理商出具的报告知道投放在哪儿。

看不见的事情就容易出现“黑洞”。

报告可以作假，投放广告也可能在网站的服务器上没有任何投放记录。这些空手套白狼的手段，不仅让甲方受损，更让 DSP 行业蒙羞。

从个人投放经验来看，SEM、信息流广告都是当前相对放心的投放形式，相比于 DSP 广告要安全很多，资源也比较靠谱，很多第三方 DSP 广告公司拿到的都是各大平台的剩余垃圾流量，转化效果差而且品牌环境恶劣。DSP 广告的垃圾流量已经是全球范围内数字广告投放的问题，据 AdMaster 报道，每年至少有 40% 的投放是无效的。2016 年，Facebook 就把 DSP 广告彻底下架，因为网站无法负荷垃圾流量超载。

数字广告行业迫切地想要向广告主证明，数字营销可以区别于传统广告，解决广告费不知道花到哪里的问题，在对用户标签化后，能够让广告主清晰地看到产品人群定位，能够实现看到广告的人都是真正对产品感兴趣的人。所以理论上，这种精准定向的效果是最好的。

然而事实却是，再先进的技术通过程序化也不一定能描绘出用户的真实兴趣和意图，有些 DSP 广告的效果不一定会有那些定位准确、卖点明显、文案有趣、画面冲击的传统广告更好。

DSP 广告本身的过度神化，加之行业内“黑洞”乱象的滋生，让 DSP 广告目前显得还不是那么靠谱。

企业 DMP 有价值吗?

最近，AdMaster 推出的《2018 数字营销趋势报告》表明，70% 的广告主将增加数字营销预算，其中，54% 的广告主表示，2018 年最关注的数字营销技术是 DMP。

互联网的发展以及商业的繁荣，让消费者随时、随地即时下单成为可能，购物路径由曾经传统的消费者找产品，转变为产品找消费者。传统广告的“泛”投放越来越无法满足广告主抢夺消费者有限的注意力的需求。于是，能满足广告主精准投放的数字广告成为新宠，其中企业 DMP 又集万千宠爱于一身，成为广告主最为关注的焦点。

我将从以下三个维度与大家分享和浅析我对 DMP 的理解。

什么是 DMP？

DMP 即数据管理平台，是把分散的第一方和第三方数据整合到统一的技术平台里，再通过机器学习算法对这些数据进行标准化和细分管理，并把这些细分结果实时地应用于现有的互动营销环境里，帮助营销取得最大化效果。

顾名思义，DMP 要从三个维度进行理解：数据、管理和平台。

数据主要来自品牌自身，包括广告投放数据、官网数据、大社交数据、CRM 数据，以及通过自媒体、付费媒体、前端广告、销售数据等，将所有数据汇入一个平台。

数据来源分为两类。

第一，第一方数据。

也就是品牌和企业主，数据主要来源于自身，包括广告投放数据、官网数据、大社交数据、CRM 数据和自媒体数据。

第二，第三方数据。

拥有海量用户数据的 DMP，如 BAT、今日头条、爱奇艺魔术师、TalkingData 等。此类平台的明显特征为：因为自身属性（通常为平台），积累了海量的注册用户，根据用户在此类平台上的交互、消费、行为等相关路径，用户数据被平台整合管理并进行数据化运营。

有了基础数据，管理才成为可能。DMP 会从用户行为、自然属性、场景属性、社群属性等多个维度入手，对这些数据进行挖掘和分析。

但这里的数据管理不是对数据进行简单的标签分类和打码来划分目标受众，而是通过更加深入的机器学习，使用大量优质数据样本分析，得出更深层次、符合目标受众内在的群体特征，也就是我们所说的真正的消费者。

神州专车通过上下车地点的这一基础数据，可以发现用户最热门上车地点排名前四的为高端商务写字楼、机场、五星酒店和高档小区。通过 App 活动数据，可以发现神州专车的用户关注度和参与度高的标签为“金融”“理财”“航司”“五星酒店”等。加上来自各个平台、渠道、内外部的碎片化信息，我们可以描绘出数据背后的准确用户画像。

通过 DMP 进行的数据分析和管理，可以容易地看出神州专车用户的男女比重、年龄阶段、兴趣爱好、消费偏好等极为细致的人群特征。同时，值得注意的一点是，当你对个体的用户画像越精确，为企业提供的价值量就越大。基于数据的分析，我们可以对用户进一步细分，不仅影响品牌的广告投放策略和最终的营销效果，甚至会为企业、品牌业务特点和商业逻辑提供决策参考，比如神州专车孕妈专车、一键定制功能的推出，也是基于 DMP 的数据分析。

用户标签与用户画像平面图

同时，只有基于 DMP 数据挖掘、分析与管理，跨屏、重定向等程序化广告、个性推荐、动态推送等程序化交互，以及会员运营

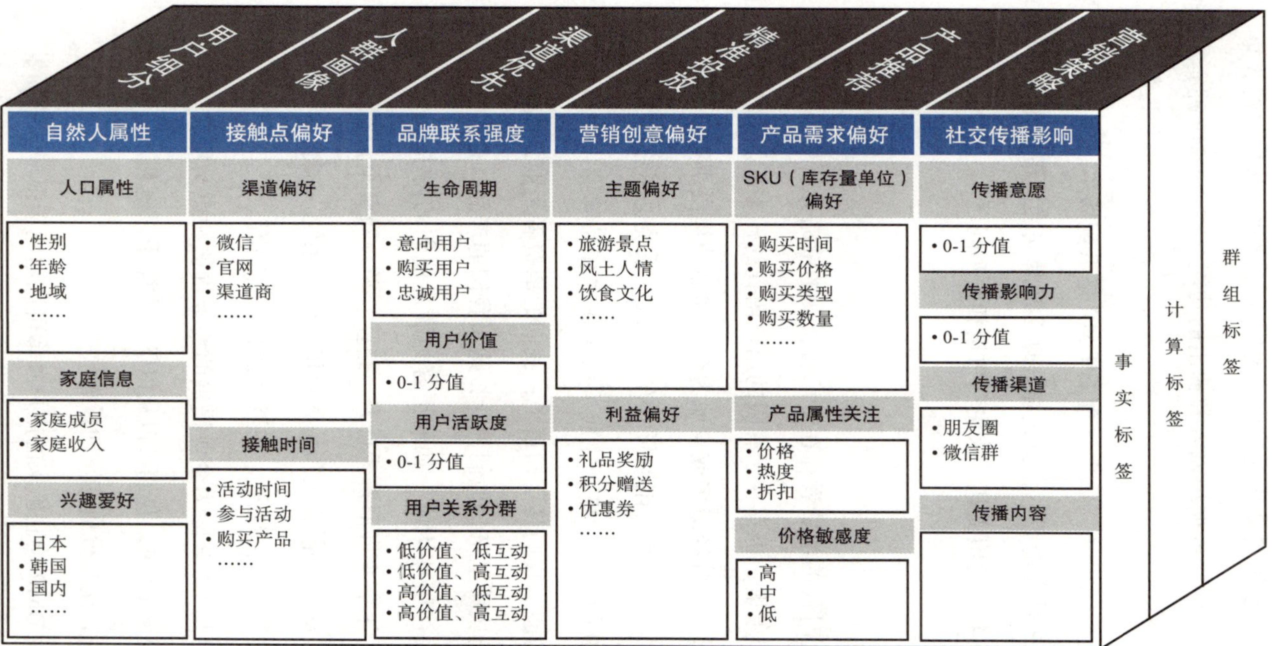

用户标签与用户画像立体图

管理和其他营销自动化的工作才能实现。到此，从数据的收集、管理和整合，到完成循环流入和输出的功能，才让 DMP 拥有了平台的属性和价值。

用流行的说法，数据管理的 DMP 是低配版本，实现了营销输出的 DMP 是高配版本，真正能实现多品牌交叉决策输出的 DMP 就是顶配版本，能覆盖和解决更多数据和营销问题。

企业为什么要做 DMP？

传统时代的消费者存在于广告公司的策略分析里，存在于终端销售的印象里，也存在于有限的用户调查的样本里。这些碎片化的用户地图，都曾经或多或少地为企业和品牌提供决策。然而，这些凭借感性、推理和有限调研的方法，既不系统也不够科学。

DMP 的出现，终于完成了为企业主和品牌提供完整用户画像的强大功能。我们终于知道了：我们的消费者是谁，他们有什么特征，他们从哪里来，他们为什么购买我们的产品，他们在进行消费决策时关注哪些因素，如何更好地满足他们的需求……DMP 的出现，终于让企业将消费者行为、路径、平台乃至全消费周期看得清清楚楚，从而为企业主和品牌提供科学、系统、契合市场和消费者的营销决策与产品决策，甚至是企业战略决策。

以上是 DMP 能为企业提供的终极价值和意义所在，至于为什么企业要做 DMP，我们可以从以下三方面予以解释。

第一，用户分析和定向投放。

通过 DMP 绘制出来的用户画像可以运用于很多营销场景。

对内来说，通过数据进一步细分人群，分析消费行为、路径等信息，配合营销信息打组合拳，可以有效提升新客转化、老用户提频，激活沉睡用户，找回流失用户。

对外来说，DMP 通过 Look–alike（相似人群扩展）的算法，自动找寻到与目标相似度最高的潜在用户，并且实现人群属性、兴趣爱好、时间地点、媒体平台的定向投放，辅之实现分类素材、广告内容、标题、促销信息的分类展示，最大限度地优化投放效果，降低投放成本。

DMP 的神奇之处还在于跨屏投放和对“人”的追踪。当 DMP 发现这个人在移动端已被广告信息覆盖 5 次，那么 PC 端将不再向他展示。而当这个人上次浏览了广告信息，但没有最终成交，那么 DMP 会分析原因，在下一次展示时推送“一击必中”的广告信息。这种定向投放和用户追踪的技术，让浪费一半广告费成为过去，真正做到每一分的投入都物有所值，都是在和你的目标用户进行沟通。

第二，效果分析和价值判断。

DMP 为企业提供横向的渠道获客成本、价值对比。不管是线上还是线下、直销还是分销，当 DMP 的数据打通以后，企业主可以实时统计和观测各个渠道的获客数量、留资成本、订单成本，以及获客后，该渠道消费者的持续贡献价值。

神州专车在市场开拓期和多家品牌进行了投放合作。通过 DMP 的数据挖掘和分析，神州发现，和某知名母婴机构合作的获客成本低于其他渠道40%左右，同时，该群体新客月度人均订单数高于月度人均订单4.5%。另外，该群体中8%的用户会产生附属消费（为家人绑定神州亲情账户，主账户储值，副账户消费）。在活动即将到期时，神州果断与该渠道延长了合作周期。

后来，神州研究发现，该渠道的用户群体都为孕妈，且该机构是母婴行业里的高端机构，所以该渠道的孕妈对价格不敏感，愿意选择神州专车特有的服务——更安全舒适的孕妈专车。因为有良好的经济基础，她们很愿意为家人的安全出行买单，所以在短时间内迅速地为家人绑定了神州专车亲情账户。

通过DMP进行渠道获客成本、价值的横向对比，形成企业自己的分析体系，建立分析模型，可以帮助企业和运营人员高效评估各个渠道的价值，并且及时优化、调整策略和投入配比。

第三，创意指导和效果优化。

广告投放的成败，不仅取决于“对的时间”（投放时间）、“对的人”（目标用户）、“对的地方”（渠道），更需要说“对的内容”（传播信息）。DMP实现了对不同人的追踪，那么必然需要个性化的广告信息与之匹配。促销信息、产品介绍、服务品质、使用场景、解决痛点等个性化、针对性的智能信息推送，会最大限度地吸引消费者，唤醒其购物欲望，提升广告转化率。

经过长期的数据分析、机器学习和模型计算，结合动态创意优化技术，DMP最终可以实现洞察人背后的需求，并且判断他处于什

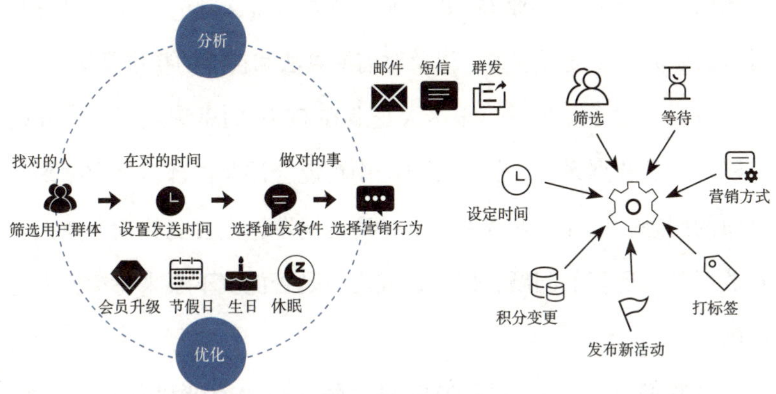

用户历程设计与自动化营销

么消费阶段（售前、售中、售后还是流失），根据需求点动态匹配广告信息，达到智能优化效果的目的。

以上三个投入即可获得产出的物理价值，已经可以充分合理地解释为什么企业主和品牌要做 DMP。所以，企业主和品牌应该尽早布局，以便在未来市场中更高效地攻城略地。

企业如何做 DMP？

DMP 的大数据理念是易于被广告主理解的，但目前在中国企业主中却鲜有成功的案例。这是为什么呢?

首先，费用高。从机房、技术、人力到物力的投入，需要巨大资金的成本投入，并非每一个企业都有实力投入 DMP 第一方数据的建设。

其次，人才投入。DMP 不仅需要解决技术层面的问题，更需要有专业数据人员进行分析管理持续运维，并将数据运用于实际的营销场景。这就要求企业 DMP 管理人员要具备深刻的行业洞察力和对自己业务的深度理解力，以及对前沿算法和技术的精准掌握。

最后，耐心和远见。很多大企业在 DMP 的思潮之下纷纷开始搭建自己的数据系统，但搭建过程中可能会涉及内部多个数据平台打通的问题。比如，业务部门支持度的问题，是否能找到专业人才对数据进行运营的问题，以及建成之后是否能沉下心来持续投入的问题。

这些都是企业在自建 DMP 时实际面临的困难和阻力。当然，并非每个企业都需要自建 DMP。所以，企业在自建 DMP 时，需要评估自己是否真正需要。例如，汽车行业、奢侈品行业、出行行业等对细分人群有高需求的企业推荐自建 DMP。另外，要做好投入评估，即企业是否有足够的财力去构建 DMP，切勿本末倒置，因为 DMP 系统的搭建影响了自身业务的发展。

以下和各位分享，当企业决定自建 DMP 时需要从哪些方面着手。

第一，高层发起，内部共识。

DMP 的建立一般需要从 CMO 或 CTO（首席技术官）层面发起，获得 CEO 以及业务部门共同的价值认可，将 DMP 在构建过程中的阻力降至最小。

第二，建立团队，长期运维。

自建 DMP 不是一个小工程，企业内部应该组建一个小规模、灵巧的数字化团队，这个团队的人员组成应该有技术人员、数据分析师、营销人员、业务人员和广告媒介投放人员等。这个团队的建立，将确保数据分析的结论和报告能即时输出，第一时间反馈给业务部门、营销部门做决策调整。同时，当业务部门和营销部门需要做重点监测时，数据分析师可以重点关注。

第三，保证数据源源不断地输入和输出。

企业主的数据是不断积累的，并且通过非企业主和品牌自有数据的合作，可以不断丰富自有数据。只有将这些数据不断运用、监测、实践和优化，才能不断校准，让 DMP 为企业提供更有价值的决策依据。

唯有源头活水不断，流量池里的流量才能不断流动，让企业像滚雪球一样不断吸引新的流量进入。

以上我不惜笔墨地推荐 DMP，不仅是因为 DMP 在当下能“急功近利”地帮助企业降低获客成本，高效获取新流量，更是因为我认为，在未来的市场竞争中，数据和技术会成为营销的主要手段，而 DMP 是其运用的底层平台。它将帮助企业主和品牌获取流量，运营管理流量，从而获取更多有效转化，这也符合流量池思维的核心思路。

第九章

数字广告（中）：搜索入口的大流量获取

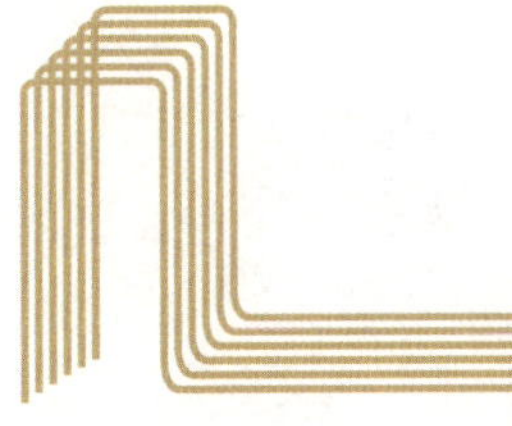

虽然数字广告投放仍存在一些“黑洞”问题，但不可否认的是，一旦企业建立起数字广告投放的宏观概念，能清楚不同投放的组合方法和基本技巧，很多问题就可以避免。

除了利用常见的投放渠道获取流量，基于搜索渠道的广告及优化也是企业快速获取流量的低成本入口。

我们知道，不同于PC时代的网页互联互通，移动手机上的App基本上是一个个的信息孤岛，传统岛链效应很难打通甚至已经失效。现在，很多App也会提供自己的内部搜索工具，手机百度已经很难一统江湖。今天，无论是在爱奇艺里搜片、在链家网搜二手房、在QQ音乐里搜一首歌、在知乎里搜索专业答案，还是在豆瓣里搜索最新电影评论，手机用户已经逐渐脱离了PC端的搜索习惯。当然，离流量变现更近的搜索目前主要还是集中在搜索引擎平台、电商平台和App应用商店。

我们在第八章已经比较详细地阐述了SEM的投放特点和技巧，其本身就属于搜索营销中的核心手段。但是由于点击成本昂贵，除SEM外，企业也会使用一些投入较少、效果较好的营销搜索方式。

其中，SEO、ASO（应用商店优化）、电商搜索（主要基于天猫电商）就是比较常见的方式。

SEO：大流量的起手式

SEO（搜索引擎优化），是指为了从搜索引擎中获得更多的免费流量，从网站结构、内容建设方案、用户互动传播等角度进行合理规划，使网站更适合搜索引擎的检索原则的行为。

目前主要有两类SEO：一类被称为“白帽SEO”，这类SEO起到了改良和规范网站设计的作用，使网站对搜索引擎和用户更加友好，并从中获取更多合理的流量；另一类被称为“黑帽SEO”，这类SEO通过利用和放大搜索引擎的策略缺陷（实际上完美的系统是不存在的）来获取更多的用户访问量，而这些更多的访问量，是以伤害用户体验为代价的。所以，面对黑帽SEO行为，搜索引擎会通过一些策略进行遏制。

SEO的优势

和SEM不同，SEO可以免费任意点击，这样做的好处有三点。

企业可以减少营销成本

一般来说，SEM和SEO会进行互补性投放。有统计显示，在竞价排名时有50%以上的点击来自竞争对手的恶意点击，这样企业不仅无法得到有效的潜客信息，还会因此损失一大笔营销费用。而

SEO 可以规避百度恶意搜索，为企业带来免费的搜索点击，低成本地带来大量的目标客户。

彰显品牌优势

通过有效的 SEO 投放，可以让网站信息出现在搜索引擎的搜索结果前列，让用户在搜索过程中产生品牌“有价值、有实力”的直观印象。而且做好品牌 SEO，不仅可以受用于百度一家搜索引擎，在 360、搜狗、谷歌等知名的搜索引擎上也能有很好的排名，可以起到一箭多雕的效果。

一次投资，长期有效

一般情况下，企业做一次 SEO 优化至少可以保持半年的良好排名，大大节约了企业的营销成本。

SEO 优化技巧

SEO 优化技巧可以分为结构优化、内容优化、内链优化和外链优化四大内容。

结构优化

（1）TDK 优化。这里的 TDK 并不只是指首页，还有栏目页和文章页的 TDK，这就是建网站的时候选择自定义标签的原因。T（title）是网站的标题，非常重要，如果 TDK 满分为 10 分，T 要占到7分左右。标题是蜘蛛[①]过来第一个要看的东西，是第一印象，标题必须包含关键词，即网站的功能，网站是做什么产品或服务的。标题要语句通顺，不要堆砌关键词。D（description，网站描述）是对标题的补充。K（keywords）即关键词。栏目页和文章页的TDK在后台具体栏目的高级设置里都可以找到。

（2）必须要有301重定向和404报错页面。

（3）目录层级。即打开一个页面要多少层级，这一点很多网站都忽略了。建议目录层级在三级以内，减少蜘蛛爬取需要的时间。

（4）关键词布局及密度。即根据用户浏览页面点击的热力图发现的点击热区，进而将关键词部署到相应地方。

（5）四处一词。即TDK+尾部或锚文本。

（6）网站导航。即主导航、次导航和面包屑导航，包含关键词、突出重点、使用纯文本，要和相应的TDK保持一致。

内容优化

内容优化主要是指文章的质量要高，即使不是纯原创，至少也是高度伪原创。伪原创要选取未收录的或者屏蔽了搜索引擎的网站上的文章，抑或是翻译过来的文章，让蜘蛛判断为网站原创，加大收录机会。

---

① 蜘蛛又称网络爬虫，是一个自动提取网页的程序，它为搜索引擎从互联网上下载网页，是搜索引擎的重要组成部分。——编者注

内链优化

内链优化就是增加站内的链接密度，像蜘蛛网一样，越密集越好。最常见的就是首页、栏目页和文章页的相互跳转，LOGO 的链接，文章页使用分类标签和上一篇、下一篇或相关文章，增加页面间的链接数和相关度。

外链优化

外链优化的一个原则就是内容相关、循序渐进，很多人为了迅速增加外链便疯狂添加，但是权重升不上来的原因也在于此。外链的主要方法就是增加友情链接，但是要考察增加的友情链接质量，包括 PR 值[①]、是否有 nofollow[②] 等标签。网站的友情链接数通常在 30 个左右，如果超过 50 个，并不会对你的网站有多少价值，相反还可能把你的权重更多地分给友情链接。除了友情链接，增加论坛、新闻、博客、社交网络服务（SNS）、软文的相关链接也是增加网站外链的方式。

ASO：最后 10 米的流量拦截

ASO（应用商店优化），顾名思义就是利用应用商店里的排名和搜索规则，让 App 更容易被苹果用户搜索到的推广技术。

---

① PR 值全称为 PageRank，是用来表现网页等级的一个标准，级别从 0 到 10。——编者注

② nofollow 是 HTML 页面中 a 标签的属性值，这个标签的意义是告诉搜索引擎不要追踪此网页的链接或不要追踪此特定链接。——编者注

目前App搜索已经成为iOS应用第一大分销渠道。自2013年以来，随着应用商店优化的快速普及，与外部推广事件协作优化、相辅相成、相互影响，共同提升搜索结果露出，已经成为众多应用首选的推广方式。

应用商店优化可以提高品牌App的露出频次，进而提升曝光及下载量，同时可以在用户搜索相关行业词时起到品牌拦截的作用。由于应用商店优化面对的是主动搜索应用的用户，所以用户更加真实、精准，有真实使用需求。相较于刷榜、积分墙等推广方式，应用商店优化具备用户真实、推广安全、效果可持续的优势。

截至2016年底，苹果应用商店已拥有超过200万款应用，累计下载量达到1300亿次。同时苹果官方透露，在这些下载量中，有65%是通过搜索实现的。在国内，苹果应用商店还未实现广告付费形式，所以只能通过搜索优化实现App的有效推广。

让我们回到生活场景中来看待应用商店优化的问题。试想一下，我们自己作为一个手机用户是如何在应用商店中下载一款应用程序的？

朋友推荐，或者看到广告推广，或者通过其他渠道得知某类应用程序，然后打开应用商店，搜索，看App的知名度以及点击下载数量，选择知名度高的或下载量多的App下载使用——这是搜索形式的下载。

抑或直接打开应用商店，看榜单第一屏，如果在第一屏中找到了就直接下载，没有的话再通过搜索品类完成下载——这是浏览形式的下载。

这个时候，如果你的竞争对手实现了应用商店优化，极有可能你的潜在客户在搜索相似 App 的时候就会被竞争对手截流。

截流的主要方式是对高热度行为词、品牌词、竞品词等进行拦截垄断，使这些应用占据搜索第一。比如在 2015 年应用商店出现了一些猖獗的刷榜现象，当用户搜索“QQ”“微信”等热门的品牌词汇或一些高热度行为词时，会出现一些不知名的奇葩 App 占据搜索第一的位置。苹果为了确保自身权重，对这一大规模侵权行为做了严肃处理整治。

以下是一些应用商店优化的应用优化技巧，有兴趣的朋友可以自己搜索相关文章扩展阅读。

- 通过工具和热词库分析目前的关键词分布。
- 分析目前关键词的权重值和搜索结果数排名。
- 对竞争对手做关键词分布分析。
- 关键词露出对比和排名对比。
- 制定合理标题和关键词的结构。
- 挑选权重高和搜索结果数少的词优先优化。
- 合理利用空间和与用户群匹配。
- 利用苹果商店规则进行组词和分词优化。

要注意的是，应用商店优化仅仅针对苹果 iOS 系统手机而言，针对安卓手机，应用商店分发（比如应用宝、360 手机助手、百度手机助手等）优化规则基本相同，且大部分安卓应用商店已提供竞价排名、应用墙等付费广告形式，比苹果应用商店更加商业化，企业可直接选择广告合作。

电商平台的流量获取技巧

对电商而言，搜索、活动、付费推广都是可以引流的入口渠道。

通过搜索优化，可以让产品免费呈现，获取相对准确的用户量。活动的好处是面向的用户量越大，自然获得的流量就越多。付费推广，就是花钱购买广告，这样的手段可以实现精准投放，获取更准确的潜客。而近几年，淘宝致力于内容电商的转化，通过直播或基于平台的原生化的新媒体内容来提高用户黏性，以及增加用户的平台使用时间。

这些小技巧可以让忠诚顾客养成访问店铺的习惯，也可以比较轻松地打造爆款，带动全店流量。

电商搜索流量

电商搜索流量的引入可以分为 4 个维度：产品标题优化、数据优化、大方向优化和定位优化。

产品标题优化

产品标题的确定是非常有技巧的，完全可以影响搜索结果。用京东和淘宝两个平台举例，淘宝是 30 个字符，京东的标题是 45 个字符；淘宝的标题允许关键词堆积，京东不行。一般来说，用户会选择用品牌词、品类词等大词进行搜索，而用更准确的描述性的词作为长尾词进行精准匹配。

比如，我们在淘宝上输入“茶叶”这个关键词，可以看到：特级铁观音高山兰花香安溪铁观音茶叶、小青柑宫廷陈皮普洱茶叶新会小柑橘桔普、金骏眉茶叶蜜香型红茶武夷山桐木关金骏眉、丁香茶长白山丁香红茶花茶丁香红叶茶……

这些都是很多商家惯用的方式，大家普遍认为关键词越多，搜索到的概率越大。但实际情况并非如此，由名词堆积起来的标题在阅读上并不通顺，大大降低了消费者的购物体验。

在产品标题优化上，我建议：

第一，根据自己产品的特点、买家的需要和搜索习惯设置产品标题关键词，充分利用标题关键词字数，避免标题中空格多或关键词堆砌，比如“新车特价”“新车特惠”两个词可以优化为“新车特价优惠”，省略字数以便填写更多其他关键词。

第二，利用淘宝指数、百度指数等工具分析并找出人气指数高、搜索频率上升快的词，优先使用。

数据优化

电商平台做自然排名，最重要的是人气权重。人气权重里销量、转化率、销量增长率、转化率的稳定性等权重占比极高，需要人为引导客户下单流程或通过补单优化以上数据。在初期流量有限的情况下，转化率及销量增长率从行业平均水平，可逐日逐步提高至高于行业均值30%左右，各项数据均处于螺旋上升。总之，迎合电商搜索规则算法，产品的自然搜索排名即可稳步提升。

大方向优化

现在各电商平台均注重无线端流量，无线端各项数据在搜索排名中占的比重越来越大。企业可以在总流量及销量没有大提升的前提下，设置相应无线端专享优惠，提升无线端各项数据，迎合平台的大方向，提高搜索排名。

定位优化

各电商平台的自然排名一般分为人气排名、销量排名、自然排名等情况，根据产品自身找准优化定位方向，初期从人气或销量爆款突破，后续再转为全面开花突破。

电商活动流量

做活动是带来丰富流量最直接的方法，只要商品选择没问题，转化率一般都可以很高。

“双 11”“双 12”“6 · 18”“聚划算”“淘宝新势力周”等都是大家熟知的电商节日或电商平台活动形式。这些活动一般都能让商家品牌达到超量曝光，增加店铺流量和销量，迅速得到目标顾客第一手的数据信息。

同时，店铺在火爆的咨询和购买状态下也能获得很大的提升和成长，活动后还可进行二次营销，并以买家分享和店铺达人等方式进行软性营销。参与电商平台活动前首先要想好活动目的，然后根据目的制订活动方案。活动给商家带来的好处大致有以下几个方面：

- 清库存。
- 累积销量和评论，增加流量（提高搜索排名等）和提高转化率（销量高、评论好）。
- 关联销售。
- 积累用户，后期想办法提高老用户回头率（对重复购买率的产品累计用户意义不大）。
- 提高品牌曝光度，增大知名度。
- 发现产品、客户、物流等环节的短板并加以改善。

以神州买买车“双 11”案例来做说明。

2016 年“双 11”，神州买买车处于新品牌启动期，于是他们确定以“爆款造节”为核心手段，借助天猫“双 11”作为品牌启动点。

电商运营人员为此策划了“50 台科鲁兹半价，买就送 iPhone 7”的“双 11”主题活动方案。激进的活动策划，加上优质的素材展示，使得神州买买车的活动素材在双会场中的点击率是其他同行的 2.7 倍，排名汽车频道流量第一。

除活动本身，策划人员积极争取更多电商活动入口位置。由于活动给力，争取到了在天猫和淘宝 App 的免费开屏位置，这两个流量以千万计的开屏位置，成为此次造节活动的最大惊喜。

神州买买车争取到了天猫商城的免费开屏资源

除阿里内部流量外，神州买买车也在120多家线下门店所在城市开展了大规模外拓外展活动，提醒用户“双11”当天抢单抽奖iPhone 7。这些线下地推给线上天猫旗舰店带来了可观的补充流量。

同时，充分利用集团内部“神州专车+神州租车”资源，给专车和租车客户进行活动短信推送及专车租车App开屏。

再加上微信朋友圈、广点通、百度SEM等其他线上推广手段，循序渐进地将各种流量导入“双11”活动中，通过足够的活动噱头及裂变方式激活这些流量用户，让这些用户成为本次活动的最佳传播者。

最终整个“双11”活动的曝光量达到2.6亿，热销科鲁兹单款车型收获了8965张订单，神州买买车当天总订单金额突破8亿，获得“双11”当天汽车类目流量第一、单品销量第二的好成绩，引爆了汽车行业。神州买买车这个全新品牌，借助天猫电商节创造了完美亮相，效果超出之前的预期。

付费推广流量

电商的付费推广是近年来平台增加的新方式，平台从最初的通过佣金带来收入，逐渐发现流量的珍贵性，从而改变了商户获取免费流量的方式，加上竞争激烈，电商企业投入一些可观的费用做一些精准投放获得流量也就成为常态。

以天猫为例，常见的付费推广方式有直通车、钻石展位和淘宝客。

直通车（CPC计费模式）

众所周知，直通车是一个精准引流工具，而且是一个比较受大多数电商企业青睐的引流工具。现在天猫的“千人千面”已经上线，直通车带来的流量会越来越精准，所以要合理利用直通车。直通车投放需注意以下细节。

第一，选词和养词。

关键词要多添加，并且以精准词、长尾词为主，适当添加热词，这样可以在养词的同时保持店铺的流量。在关键词出价方面，建议可以按照关键词的市场均价出价，无线端的出价建议为 PC 端的 1.3~1.5 倍，观察数据反馈情况后再做适当的调整，逐步做到在日限额内获得更多的流量。

第二，精准的城市投放，提高点击率及转化。

直通车的排名是根据出价、点击率等综合数据，并非出价高就

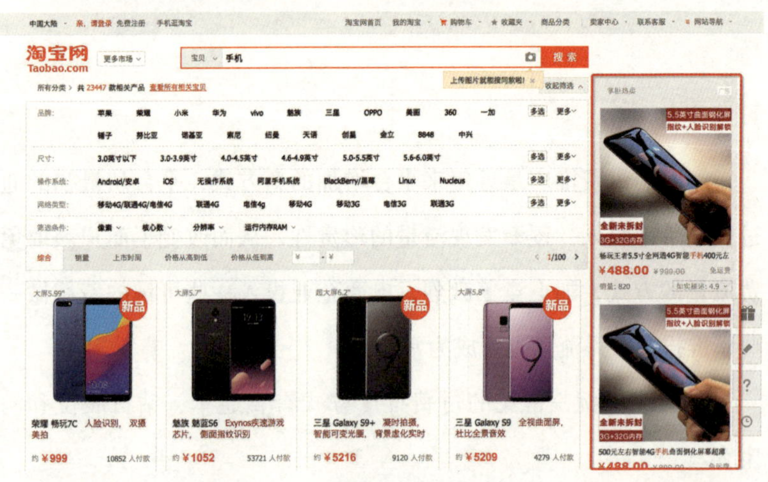

（显著位置展示创意图、创意标题、价格和销量）

（展现位置打上“掌柜热卖”标识）

直通车展现形式示例

一定在前，因此在投放时要有相应策略。前期为了提高直通车的排名，可以把一些无效展示量大而点击率低的城市删除，等各项数据上来以后再陆续放开。

第三，巧用定向。

现在是大数据时代，网络会根据客户的购物习惯、地域和年龄等数据来给客户的个人喜好打标签，从而给客户推送最适合想要的宝贝。商家要充分利用客户的标签，对客户进行定向推广，可以极大提高投入产出比。

钻石展位（CPM 计费模式）

钻石展位（即钻展）主要是以图片展示位为基础的全网精准流量实时竞价平台。覆盖的淘宝、天猫、微博、网易、优土等几十家阿里系内系外的流量优质展位，是电商最常用的引流模式。

钻石展位展现示例

钻石展位推广注意事项如下：

第一，素材。

设计图片要有创意性，吸引眼球，诱导点击，产品卖点不宜太多，一两个足矣，但需注意：

• 限制时长的文案禁止使用。钻石展位的广告图片中一律禁止使用“最后一天”“仅此一天”“限时一小时”等限制时长的文案。

• 模糊、欠美观的图片需注意。在审核标准日趋严格的情况下，千万不要抱有侥幸心理，文案也不允许太多（不超过30字），文案字号大小不能超过三个大小幅度，字体颜色最多只能有两种。

•“外贸”“日单”“尾单”“仿货”等敏感和品牌模糊的字眼不能出现。无法判定真伪的表达用词严格禁止使用。不要因为产品有优势而忽略图片，导致图片审核不通过。

• 禁止使用图片拼接。创意中禁止使用任何形式的图片拼接，中间不论是否断开均不可以通过。

• 最高级别的文字描述。禁止使用“最低价”“最佳”“独家”“领衔”“第一”等最高级别的描述。

第二，定向投放。

钻石展位提高流量转化的主要技巧是做定向投放，商家可以自行在账户后台的营销推广中心进行定向设置，包括访客定向、群体定向、兴趣点定向等。

访客定向是最好用的定向投放方式。可对店铺感兴趣的人进行投放，这些人可以是店铺本身的访客，也可以是同行店铺的访客。找同行店铺的时候需注意：同行店铺的产品要和我们的产品一致，同行店铺风格和人群受众年龄要一致，同行产品客单价范围和我们的产品客单价一致 。

群体定向是系统根据买家访问、搜索、收藏、购买等行为，把买家接下来最有可能购买的类目分为高、中、低三种价位，然后店家可结合自己的产品特点，给不同群体推送广告。

兴趣点定向可以针对自己店铺的人群兴趣点定向，找到客户喜欢的兴趣点进行投放，算是群体定向加强版，流量相对精准一些，但获客难度比较大，除非你对自己店铺的人群喜好非常了解。

此外，天猫还提供了 DMP 定向、场景定向等，此处不一一赘述。

第三，落地页。

保持用户在点击广告进来后浏览中需求的关联性，落地页是重中之重，需要不断测试优化，降低成单成本，找出最优方案（第十章详细说明）。

淘宝客（CPS 计费模式）

简单地讲，淘宝客就是阿里巴巴旗下的分销机制，每个人都可以分销淘宝和天猫上的海量商品，帮助商家促进销售。淘宝客只需要在后台获得推广商品的链接，把这个链接推广出去，有人购买，就会获得相应佣金。淘宝客的优势是按成交付费，不成交不用花钱，但店铺及产品获得了更多免费被推荐的机会。

第十章

数字广告（下）：落地页是第一生产力

当我们获得了流量，当用户来到了我们的产品页面，当用户进行了一次有效的点击，这个时候，我们的营销就大功告成了吗？

不。

在我看来，万里长征才走完了第一步。假设这一次点击，我们要付出 1 元的点击成本，而如果在落地页上，用户并没有最终购买我们的产品或者至少留下他的电话，那所有的工作其实都是白费的，1 元就是 100% 的支出。

现在主流的数字广告，展示其实都是免费的（搜索竞价、信息流），只有点击才会付费。如果落地页不能最终完成转化，那我们还不如做纯展示，至少后者是不付费的。

所以我经常说，落地页才是数字广告转化的第一生产力。

不同于广告创意的天马行空，标准化的展示和有效的素材信息归纳是每个营销人的基本功。在投放数字广告时，如果落地页的外部素材、展现信息或者内部引导逻辑不顺畅，都可能导致企业之前所花费的获客成本白白浪费。

本章我们就来探讨一下如何做好落地页。

落地页：营销基本功的修炼

很多企业在营销的过程中经常会遇到这样的情况：企业做了很多的数字广告投放，也做了很多优化的工作，投放页面每天的流量和点击消费都很高，可是客户的留资量和购买率就是上不去。

而且很多企业都觉得花钱推广了就应该有客户，当客户通过数字广告投放或者其他路径进入落地页后，推广的目的就达到了，客户理所当然就会选择购买。这种想法十分错误。

落地页是企业最容易忽略却又最重要的一环。

落地页指的是消费者看到广告 banner 后，通过点击跳转链接后出现的第一个页面。

在移动端，信息流广告是快速的广告呈现方式，而落地页则起到承接流量、转化用户的重要作用，是营销过程的终端环节。

落地页不是创意稿，一定要从产品和营销的整体策略出发去考虑。如何提高用户的浏览量、留存时间、转化率，都需要不厌其烦地反复推敲。一个落地页设计好坏的考核标准是数据，是触达用户后真实的留资量、成单量，所以设计落地页要把目标作为终点，将每部分素材整合起来看，连成一条整体的营销线性思维，引导用户完成转化。

在设计落地页时要将“尽可能收集有效的用户信息”作为第一要义。这么做的目的是便于在后期的运营活动中激活或者召回用户，让用户持续与你保持联络。

落地页通常分为两种类型。

点击型落地页

顾名思义，点击型落地页就是在落地页上会有按钮项让用户点击跳转到电商页面（如京东、淘宝、企业官网等），这种落地页起到了流量承接的作用。当流量被接引到网页上之后，用户通过点击上面的按钮进行下一步操作，它承接了整个流量，为其他页面做分发和转化。

线索生成型落地页

这种落地页的页面设置是一个信息表，当推广带来的流量进入落地页面时，这个页面可以快速收集用户基本信息，用户需填写相关身份信息。

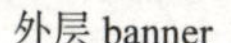
外层 banner

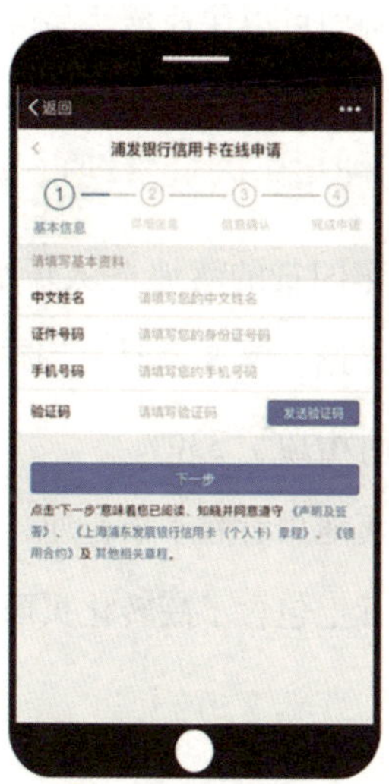

内层落地页

“御驾黑卡”H5 创意落地页展示页面

比如神州优车集团和浦发银行联合推出的“御驾黑卡”H5创意后面的落地页，就是点击型和线索生成型落地页的复合使用案例。

可以看到，在这个落地页中（见上页图），第一张点击型落地页起到了承接前期创意引流的作用，通过“现在办卡，永免年费”的利益型诱导按钮，将用户引流至第二张落地页。

而第二张落地页则起到了明确的信息收集和线索生成的作用，通过操作流程指引用户完成信用卡的在线申请办理。

落地页有没有效，案例比比就知道

落地页的效果要从不断的投放实践中获得，只有在不停的投放中优化页面结构布局和文案，才能得知哪些文案对用户有绝对吸引力，哪些画面可以快速传达品牌或活动信息。

案例一：神州车闪贷落地页

神州车闪贷的落地页从开始投放到当前版本（见下页图），一共改动了8遍。第8遍时，用户进入这个页面后拨打电话咨询数量比第一版时增加了330%。

这个落地页看起来很普通，它到底好在哪里呢？

它实际上包含了高转化页面的一些必要组件。

品牌展示

可以看到，在下页左图中，头部的红色区域是神州车闪贷的品牌展示区。这一部分简单、直接地给出品牌信息，用文案告知用户只要有车就能在神州车闪贷上贷款，而且贷款速度快。具有吸引力的头图，增加了用户信任。

神州车闪贷落地页设计（当前版本）

产品口碑

在品牌信息下部有一行小字“已成功帮助 ××× 人解决资金难题”。这部分其实解决的是口碑问题，是品牌的业绩展现，目的是给用户一个承诺，使其打消顾虑，加速购买决策。

引导留资 1

“拨打咨询”的按钮一定要放在最重要的视觉位置，而且这个按钮是不断跳动的 GIF 格式（图像互换格式），目的是进一步引导用户电话进入，提升线索的整体质量，大幅度增加拨入的获客量。

核心卖点

将产品的 4 个核心卖点（如“2 小时”等）在首屏展示，扁平化的 ICON 第一时间打动客户。注意，用 ICON 的方式表达卖点，比纯文案看起来要简洁、清晰很多。

引导留资 2

在落地页上还设置了一个“电话申请”的留资按钮，不放过每一个留资冲动。

产品案例

在上页右图中，还可以看到详细的案例展示，目的是要说服用户。案例中的配额由低到高，匹配更多的用户需求。

权威认证

将集团及其他子品牌做背书，进一步打消客户的顾虑。

案例二：大众进口蔚蓝旅行轿车礼遇活动

这个案例来源于“汽车之家智能营销”微信公众号 2016 年 9 月 28 日的推送。因为这个案例很具有代表性，几次修改后转化效果也十分不错，特此引用供读者参考。

这次活动投放测试持续了 5 天，做了 3 版优化页面，优化第一版和优化第三版的转化率都有不同程度的提升，即 8.6% 和 13.5%；优化第二版较原版下降，即 3.5%。

大众进口蔚蓝旅行轿车礼遇活动投放测试

	原版	优化第一版 提升 8.6%	优化第二版 下降 3.5%	优化第三版 提升 13.5%
头图	标题 28 个字：优惠无体现	标题 18 个字：优惠有体现	标题 18 个字：优惠有体现	标题 18 个字：优惠有体现
导航	经销商信息在试驾前	试驾在经销商信息前	试驾在经销商信息前	试驾在经销商信息前
活动介绍文案	>100 个字	32 个字	32 个字	32 个字
预约试驾标题文案	预约试驾	免费试驾	免费试驾	有奖试驾
表单提交按钮文案	确认提交	即刻免费预约	即刻免费预约	即刻免费预约
表单字段数	7	6	4	6
奖品与表单位置	奖品在表单上	奖品在表单下	奖品在表单下	奖品在表单上
隐私条款多选框	默认未选中	默认选中	默认选中	默认选中
车型亮点	无	有	有	有
咨询热线电话	文案中，不可点击拨通	单拎出来，可一键拨通	单拎出来，可一键拨通	单拎出来，可一键拨通
视觉风格	车图小；有底图，有底色	车图大；无底图，纯白底	车图大；无底图，纯白底	车图小，无底图，纯白底

头图：压缩标题字数，突出优惠政策，扩大页面占比

头图是落地页的第一眼，需要简洁明了地让人了解页面内容。可以看到优化第一版精简了文案，去掉了“专属礼遇”“邀你开启全新旅程”这些没有实质性内容的文字。同时扩大了头图在页面的占比幅度，文案字体也都放大，优惠信息进行高亮处理，从文字中凸

显出来，让人第一眼就能抓住重点。

原版与优化版效果比较——头图

导航：在前置位放最重要的销售线索信息

落地页的目的是收集更多的销售线索，所以能够收集到用户个人信息的“试驾”要比“经销商信息”的优先级更高，需要放到前置位上。

文案：内容文案精简

原版文案是一大段文字，修改后把核心信息全部挑出来，其余都放到“查看详情”的浮层页中。

原版与优化版效果比较——导航

原版与优化版效果比较——文案

视觉风格：主题突出、扁平、干净、大留白

视觉形象对品牌形象有着直观的冲击，页面简约高端，用户自然会发散联想到品牌高端。在这个案例中，原版车图片尺寸很小，背景也没有任何表现信息，和品牌没有关联度。优化后，丢掉了一切视觉干扰并突出车体本身——首屏车占很大空间，并且在头图下方有一个半透明汽车底图，页面给人的整体感觉“很汽车”。

案例三：今日头条的落地页投放

信息流广告是移动端时代呈现速度最快、展现面最广的广告形式。而在神州集团以往的信息流广告投放经验上，今日头条是我们认为性价比较高的投放渠道，所以对把控今日头条上的落地页特别重视。

我们来分析以下案例。

小米平衡车 1 元乐购

这是一个很标准的落地页。最顶端是品牌信息名称展示，然后是产品名称，下方是口碑展示、产品图标，视觉中央明显位置是诱导性的利益刺激，最后是承接流量的下载按钮。

凹凸租车

凹凸租车是一个线索生成型的落地页。落地页上半部分是品牌信息、活动信息、利益诱惑，文案简单直接地给出活动信息点。下半部留资指示明确，以“领取现金 + 红包”的兴奋型需求诱导并促成最终的留资。

小米平衡车在今日头条投放的信息流广告

凹凸租车在今日头条投放的信息流广告

省 呗

这个落地页，页面的各个板块都十分明确，比如，品牌及优惠信息、流量承接的线索生成、下载引导步骤、利率信息和下载按钮都突出了产品优势。

省呗在今日头条投放的信息流广告

在我们整理案例的过程中发现，很多企业的落地页都存在很大问题。品牌会把太多冗杂的信息放在落地页的点击页面上，这是特别错误的思路。

比如，某口腔医院的落地页（见下页图）。打开页面后，在页面顶部的右边设置了一个电话图标，但是这个图标并没有拨打的触发机制。

中间主视觉位置是一篇关于企业某活动的新闻，这种企业内部数据，对消费者而言完全是一次无效对话。

在落地页的下端，用 1/3 的页面篇幅设置了一个客服对话框。

某口腔医院在今日头条投放的信息流广告

落地页起到的是承接流量、转化用户的作用，只需要将广告投放收获的流量引入，并且引导分发给企业自身其他承接网站即可，并不需要在页面上完成客服咨询环节。

最重要的一点是，在打开落地页之后，会有一个“点击咨询”的浮窗不停地闪动。浮窗的设计在 PC 大屏的情况下仍会有极高概率被关闭，更不要说在移动端那么小的屏幕上。这种骚扰式信息只能给用户带来麻烦。

百雀羚的刷屏案例如何做落地页转化

百雀羚广告是一条教科书级的移动广告案例。虽然创意形式达到了刷屏级别，但是效果转化却引发大量质疑，并引发了业内传播效率和转化率的大规模讨论。

本书前文也多次提到该案例，这里仅从落地页的角度来看看如何改造，即营销行为如何在拥有巨型流量的情况下完成效果的转化。

这是该广告最后的引导购买提示信息，从销售转化角度来看，这种引导信息是无效的。

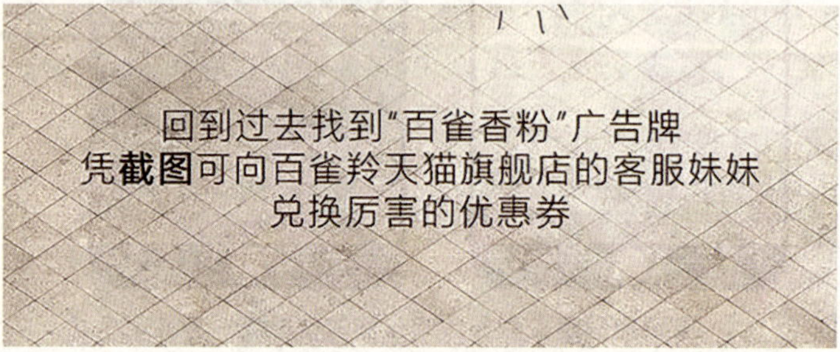

百雀羚广告的引导购买提示信息

“不要让用户去思考，只要按照明确指示完成简单的操作”是一个营销执行团队必须具备的基础意识。给用户制造太多关卡，或者操作步骤太过繁杂，绝对会损失大部分流量。

我们看看这里的指示步骤：

第一步，回到广告中，找带有“百雀香粉”的广告牌。

用户花了3~5分钟的时间看完了广告，已经知道整个广告的故事情节，你让他返回去找到提示信息，不太可能。

第二步，截图，进入天猫旗舰店找到客服，兑换优惠券。

找到提示信息后，消费者需要完成“截图—打开天猫—搜索到‘百雀羚旗舰店’—找到客服—兑换优惠券”整个流程（此处考虑到天猫和微信平台的相互屏蔽，首推京东合作或微信官网）。

行动指示的最终目的是兑换优惠券，但是在兑换之前至少要有五六步的操作，一般消费者看到这里自然就放弃了。

假设在广告结束的时候，直接告知消费者活动促销信息，并且附上二维码，长按识别，跳转到京东销售页面完成购买，或者在活动领券页面支付相应金额的定金，领取优惠券，确定购买时间支付尾款，都能完成流量承接和效果的迅速转化。

落地页逻辑架构的六大要素

落地页的逻辑架构一般由 6 个要素组成。

梳理出核心卖点和品牌、活动信息

落地页的首部是展现品牌、活动的核心卖点及重点信息的位置，其作用是简单、直接、快速、有效地告知访问者：我是谁，我能提供什么价值，我和其他同款产品的差异是什么。要用最简短的画面构成、最直白的话术，迅速打开与消费者的沟通局面，完成最直接有效的信息传递。

品牌的整体印象与产品口碑

对大部分消费者来说，落地页其实就是对品牌第一印象的认知。一张优质的品牌图片，胜过一大段的文案描述，所以落地页的设计构图一定要遵循简单、直白的原则。

页面设计杂乱、提示信息不明确、操作流程逻辑冗杂，都会对第一印象产生极大的影响。落地页要尽量突出其他用户的使用情况，比如，已经有 ××× 用户注册使用，已有 ××× 用户在平台上下单购买等，这些信息极大地利用了人们的从众心理，可以促成更多的用户转化。

消费者益处

从消费者的角度思考，是营销人员应该具备的基础素质。消费者考虑最多的事情就是“你的产品能给我提供什么服务，或者提供什么不同的奖励刺激”，而不是“你的产品的规格型号是什么”。

消费者在瞬间的浏览中，不会仔细关注产品的规格、功能或者企业详细信息，而是需要直接看到产品能为他提供什么服务、带来什么价值、企业能有多大的优惠力度，以促使他完成冲动型消费。

权威认证

权威认证也叫社会证言，这其实是消费者的一种认知心态。看到一个并不熟悉的新产品或品牌时，寻找相对权威的认证或者社会证言会提升消费者的信任度，降低用户使用的心理门槛和对信息的疑虑。毕竟没有任何一个消费者希望自己是新产品的“小白鼠”。

用户留资

用户留资是落地页最核心的作用，所有工作的目的是希望用户注册、购买或者留下他们的资料，完成流量到用户再到销售的转化。

索取有效信息

一定不要在落地页中索取并不需要的信息，原因有二：第一，额外的信息对企业来说是无用的；第二，信息索取的越多，消费者对企业的规范程度越会产生怀疑。所以，索取最关键的信息即可（比如加密后的微信号码、用户手机号码）。

用外部素材触发消费行动

落地页起到的是承接流量、转化用户的作用，而落地页外部素材的展现则对用户的消费行为起到最直接的触发刺激。外部素材的好坏，直接关系到落地页的点击率和转化率。

一般来说，落地页的外部素材包括两部分：图片素材和文案素材。

图片素材

我们用今日头条来举例。今日头条的信息流展现形式有三种：大图、小图和组图。

总体来说，图像信息是人脑最直接的信息接收来源，大脑处理图片的速度比文字快 6 万多倍。因此，落地页的图像素材使用一定要选择最匹配的图片，要让用户对企业推荐的产品或服务在一瞬间产生最直观的感受。

在图片素材的选用上，图片清晰可辨认、重点突出不混乱、颜色搭配合理，是三大基本准则。

今日头条的信息流展现形式

	大图 9月北京各小区房价已出炉，查查你家房子涨了没!	小图 世上最漫长的等待，就是电影开始前那2分钟广告	组图 安化黑茶夏季清仓
优势	①视觉冲击力大； ②清晰表现元素特征	① 原生，更像一篇资讯； ② 价格便宜	① 组合元素，创意表现连贯性； ② 可提供信息较多； ③ 原生性较强
劣势	① 太像广告； ② 价格较贵	元素表现力有限	目前不支持应用下载
目标点击率	2.5%~4%	1.5%~2.5%	2%~4%

在选择图片素材的时候，有几种常用的形式可以考虑。

场景式素材选择

一般场景式素材的新闻感、原生感比较强。这类素材主打感性诉求，具有场景感和真实性特点。比如，利用真实拍摄、真实截图，强化产品的使用、体验、传播和推广场景。

下图这版消消乐场景式素材的画面使用的是简单的三宫格排版，结构对称，空间分布合理，画面的完整性高。在商场这样的真实场景中，以美女真实拍摄图作为展示，再通过文案的引导，很容易吸引到年轻的受众群体，从而达到推广的目的，引导点击。

这里我要再次提醒，信息流广告的很多高点击率，外部素材都采用原生感很强的图片，要尽量避免“太广告”和商业感，而要让用户感觉这就是一条新闻或社交分享内容。

妹子你要控制你自己，这样逛街真的不好

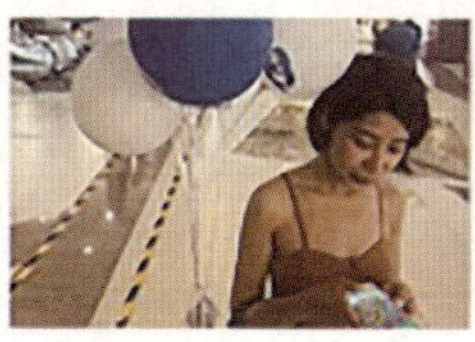

广告 消消乐官方 12小时前

消消乐场景式素材

原生感强的图片，往往能够获得更多的点击，同时淡化用户对广告的防备心理。

福利式素材选择

福利式素材一般来说对消费者的冲动性刺激较强，素材中会出现折扣、降价、优惠、返现、红包等直接的福利性刺激。

比如每日优鲜这则广告，采用真实高质量场景图拍摄，文案告知促销时间、让利价格，直接刺激用户点击购买。

仅限9月22日，新用户免费领取——抹茶味儿星巴克

广告 每日优鲜-星巴克 9小时前

每日优鲜福利式素材

告知式素材选择

告知式素材助攻消费者的理性诉求，一般来说广告性很硬，会直接出现品牌 LOGO、产品图、消费者好评记录、销售截图、证言等经常出现的画面素材。

文案素材

文案素材是吸引流量最直接、最重要的部分，在广告点击率同样的情况下，文案的好坏直接影响到转化率的多少。

告知式素材案例

很多企业在投放信息流广告的时候都会陷入逻辑误区，从自我视角出发绞尽脑汁地写出一条完美文案，但是点击率和转换率都不理想。

举个例子。

•【简约时尚欧美风格】橱柜任由你定制，邀您免费量房设计安装啦！

• 我的厨房还能空出这么多空间，这效果美哭了！

这是针对家装设计的两条信息流文案，大家可以明显地感受到这两条文案视角的不同。第一条是企业在投放时最直接的“客户视角”思路，而第二条是用户在阅读时的“用户视角”思路。由于思路的不同，第二条文案的点击率较第一条明显高出 273.98%（数据来源：后厂村广告局）。

不难看出，“客户视角”和“用户视角”是有很大差异的。在用户视角的指导下，文案并不是直接给出产品卖点，而是要在梳理出产品卖点之后再进行用户需求分析，最终完成匹配卖点和用户需求的文案。

一般来说，“用户视角”的文案素材有以下几个特点。

一条文案一个卖点

很多人在准备文案素材的时候特别喜欢罗列卖点，觉得好不容易投一次广告，不多准备点内容不够实在。但这种做法是十分错误的，会给用户带去极大的信息干扰。比如：

• 优化前：小户型这样定制家具，为家多出不止 20m^2，还送免费设计！

• 优化后：定制家具后的小户型，住成豪宅？这么设计就对了！

优化前，文案涵盖了三个信息点“小户型”“定制家具”“免费设计”，每个卖点都能直接吸引用户点击。但是，一个用户阅读标题的时间只有几秒钟，这么多信息怎么能被直接接收？所以只要在一个文案中主打一个卖点，定向不同的人群，推广不同的卖点就好了。上面优化过的文案主推“定制家具”，有这方面需求的用户，看到之后很可能实现点击阅读。

简单易懂快速理解

大家看一下这两条文案的优化前后对比。

- 优化前：韩式半永久培训，正规职业证书，评委教学，包食宿，终身升级复训，学费分期免利息。
- 优化后：像这样的美容培训，正规机构，毕业后实现年赚 20 万，还等什么？

很明显，优化前的文案提到了一个专业性的培训术语“韩式半永久”，它究竟是什么，相信很多用户都不清楚，而且后面的信息太多，用户很难有共鸣和信任。优化后直接把专业术语改成“美容培训”这种易懂的概念，能让用户快速接收到广告信息。

使用与用户相关的信息

在文案中尽量详细地描述用户所在地域、年龄、日期等相关信息，这些信息能快速捕捉到与之匹配的用户，提高用户和广告之间的关联度，从而对看到的信息产生信任感，进而引发下一步动作。

比如，某交通票务 App 的文案：

- ××（地域）的朋友：火车票也能在线选座，用这个 App 就再也不用去火车站排队啦！
- 据说，很多××（地域）朋友都爱去这里玩，好玩儿又不贵！

如果我是当地的一名用户，看到这样的信息就会激发点击了解详情的欲望。

这样的例子，用于促销也很实用。

再比如：

- 仅限××（日期），北上广的朋友下载 App 注册成为新会员即可享受首单半价优惠！
- 25 岁的女孩子注意了！护肤做到这几点，想冻龄不是难事！

这些文案都有很明确的指向性，可以直接切入目标人群，获得较高的点击率。

激发主观动机

试想一下，在什么情况下你的购买欲会很强烈？

来看这样的场景：

场景一：你坐在一家鞋店里试鞋，店员特别热情，态度十分友好，不厌其烦地给你介绍各种鞋子，翻遍仓库挑合适的鞋码，跪在地上帮你试鞋。在这种情况下，即使没有特别心仪的鞋子，你也会因为不好意思而买下一双相对合适的。

场景二：你逛街的时候，路过一个玻璃橱窗，看到展品中的一双鞋子。那一瞬间，你就在脑海中幻想很多你穿着它的画面，想好了把它买回家要配什么样的衣服和什么样的包，那双鞋子上仿佛就写着你的名字。但是，当你准备购买的时候，店员告知你没有合适的号码，需要交押金订货。这个时候，不管有多少阻碍，你也一定会想把它买回去。

第一种场景是通过情感绑架的方式，让消费者不得不购买商品，消费者购买的不是产品本身，更多的是和利益无关的理由；而第二种消费完全是产品本身激发了消费者的主观动机，刺激了消费欲望。

文案素材也是如此，要在众多的新闻、消息中刺激到用户的点击欲望。

平等交流拉近关系

和用户之间的平等交流是避免品牌过度包装的最有效的沟通方式。以用户的口吻叙述，以用户的思维模式构想，就是快速拉近关系、获得点击的途径。

比如，一条金融服务的文案是这样的：

高额度贷款，10 分钟到账！

很明显这是从品牌自身角度出发的文案，用户看到的第一眼就知道这是一条广告。

但是如果优化成：

简单借款急用钱怎么办？只需身份证，高额度贷款放款速度快，10 分钟即可到账！

优化后的文案，首先提出贷款用户会遇到的问题——“急用钱”；其次给出了解决办法——“只需身份证”；最后才是自身产品卖点——“高额度”“放款快”“10 分钟到账”。几步设置，拉近了与用户的距离。

用兴趣提升专注感

假设一个场景，当你正在全神贯注地阅读一类文章或信息的时候，突然出现了和这类文章或信息完全不搭的信息推送，你下意识的做法肯定是看都不看直接关掉，而且还会感到厌烦。

比如，当你在刷新闻的时候，看到的都是：

- G20峰会今日召开，三大国际组织负责人呼吁贸易一体化

- “中国天眼”一周岁探秘，像保护眼睛一样保护它
- 我们简单粗暴地分析了默克尔连任和你有什么关系

……

然后出现了：

- 雅思考试不用愁，×× 机构，11 年口碑，一线名师授课

你会有什么感觉？

直接忽视。

这样的广告触达就是无效的。

如果这条文案优化成“2017 雅思考试将面临重大变革，还不赶紧了解”，就会比较符合上述阅读环境。用户想要得到的是“更多相关信息”，而不是看到产品的售卖。

事实吸引，不讲原因

在很多情况下，告知用户一个吸引人的事实，但是不告诉他们具体原因，是一种获取点击的很简便的方法。

比如，我们看两条文案：

- 女人过了 20 岁要保持精致！不穿便宜货，这里的大牌不贵！
- 女人过了 20 岁这样穿，才能保持精致！

这两条文案的目的都是希望用“保持精致”来打动目标受众——20岁左右的年轻女性，但是在第一条文案中，很直接地指出了办法——“不穿便宜货”，答案已经给出来了，怎么还会有点击率呢？

下面为大家总结一下优质与低质图片和文案素材的特点。

优质素材特点：

• 图片素材清晰，色调舒适，具有一定设计感。

• 文案内容新颖，描述方式新奇，能引起用户的好奇心理。

• 结合时下热门话题、游戏等用户关注度较高的IP。

• 产品定位清晰，素材能准确捕捉定向目标的注意力。

• 文案与图片内容相互呼应、相互衬托。

• 广告文案及图片展示内容与中间页内容相关。

低质素材特点：

• 素材模糊，分辨率较差，构图粗糙杂乱，无设计感。

• 文案、图片内容过于直白简单，描述过于模糊，无法突出产品特点。

• 图片与文案无明显联系，或者与文案内容重合，无法引起用户的浏览欲望。

• 展示商品重复、单一，用户产生审美疲劳，降低了用户的浏览欲望。

• 文案太夸张，有诱导用户点击的偏向，实际转化较差。

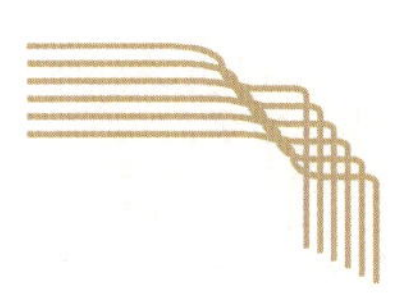

第十一章

直播营销的流量掘金

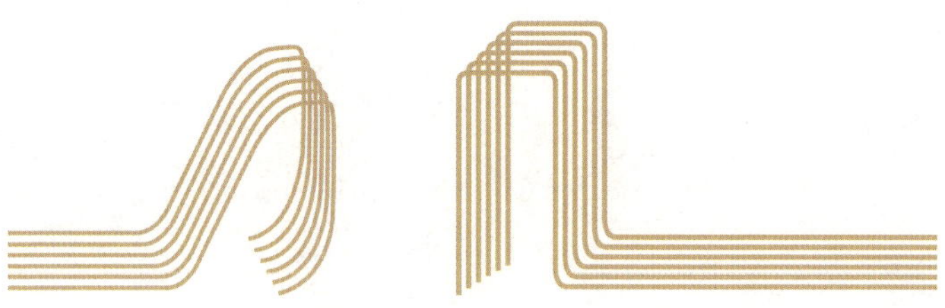

2016年是移动直播爆发的元年。2016年上半年，直播App渗透率一路攀升并有持续上升趋势，主要由游戏、社交、秀场和体育类直播App拉动。

据统计，从2015年第二季度起，我国移动视频直播用户规模增速逐步加快，截至2016年第一季度，视频直播用户规模总量达到1.86亿，同比增长90%。资本对于直播领域的关注度也逐步提升，2016年视频直播领域融资金额已超过10亿元。

直播平台仅用了半年时间，就完成了从网红聚集向快消、电商、大众商品、3C（计算机、通信和消费类电子产品）、制造业等品牌及产品的创新营销平台的转型，而之前广告营销行业在社交媒体平台上的成熟发展的时间是三年，这个营销增长速度无疑是惊人的。虽然资本的热度和受众的关注度能够辅助直播行业的快速发展，但是移动直播最终能否为企业带来高效、低成本的流量转化，仍有待进一步实践和探索。

目前，制约移动直播营销发展的因素有两点：第一，直播平台的内容不太具备沉淀性和黏性，优质内容较少；第二，直播能为企业带来品牌曝光，但销量转化未知。

企业只有把这两点制约因素打通，才能真正实现移动直播营销的流量转化，否则很容易出现直播营销只有品牌曝光量而没有实际销量的情况。

下面，我们先来了解直播平台的整体环境及玩法规则。

直播营销：边看边买边分享

直播并不是偶然出现的新鲜事物，从 2005 年的秀场模式直播开始，互联网直播的演变过程经历了三个重要阶段。

第一阶段：直播 1.0——秀场模式。

从 2005 年开始，网络直播市场随着互联网模式演化起步，以 YY、9158、六间房为代表的直播平台在 PC 端开启了传统秀场模式的直播 1.0 阶段。秀场模式是直播业态的根基，建立在用户对他人窥私欲的需求之上。

第二阶段：直播 2.0——电竞游戏直播。

2014—2015 年网络直播市场进入新一轮的增长发力期，以电竞游戏直播内容为主，向着垂直细分的领域更深层次发展。虎牙、战旗、斗鱼、龙珠都是这一阶段的代表平台。

第三阶段：直播 3.0——泛娱乐移动直播。

2016 年网络直播真正迎来增速发展的爆发期，用户和主播都可以脱离个人计算机，通过移动手机直播 App 实现移动秀场直播。这一阶段的直播平台可谓百花齐放，除了映客、花椒、一直播等知名直播平台，很多垂直领域也纷纷上线直播功能，如淘宝、天猫、陌陌、脉脉等。与此同时，百度、阿里巴巴、腾讯也向移动直播发力，开启了移动直播领域的布局划分。

“轻量”“多元”是这个阶段直播的关键词，直播营销也逐渐成为企业和广告主看重的传播趋势力量。

通过2016—2017年这两年的直播平台混战，我们基本上可以看出直播平台具备吸“粉”快、占领用户流量快、满足用户猎奇心理、配合社交平台迅速传播相关话题等特性，而这些特性恰好和移动营销部分属性相符。

直播可以快速制造新鲜的热点话题，促成巨大的流量获取和传播效果，这一点和社会化营销具有相似的特性。同样，大量碎片化信息覆盖、传播周期缩短、用户兴趣降低等出现在社交平台上的问题，在直播平台上也存在。

用户受众分析

中国互联网络信息中心数据显示，2016年6月网络直播用户规模达到3.25亿，占网民总数的45.8%，其中“90后”为主的年轻宅文化群体是直播平台巨大的流量来源。26~30岁人群是直播打赏的主力年龄层，21~25岁是关注直播的主力群体。在打赏人群中，收入稳定的男性白领群体占据70%的高份额。

从直播的受众人群分析中可以看出，如果企业想借助直播平台做营销，那么必须要让营销内容有三个明确指向：年轻化、趣味性和爆点密集。

营销内容年轻化

直播平台和社交平台一样，都需要不断用年轻人喜欢的内容将他们吸引汇聚过来。什么才是当下年轻人的兴趣点呢？

通过数据调查发现，与体育、娱乐、热点事件、社会热点话题、明星见面会、明星演唱会等话题相关的直播，都能在年轻族群中形成巨大的声量讨论。

比如，2016 年 4 月刘涛为新剧《欢乐颂》宣传造势，在映客平台上开通直播，创下同时在线人数 17 万、总收看人数 71 万的移动直播第一纪录。

2016 年 6 月，映客获得独家授权直播 BIGBANG 乐队的全球巡回演唱会，超过 43 万“粉丝”同步在线观看，同时映客平台策划专访，发放“粉丝”福利，创下了超高的“粉丝”浏览量。

2016 年 7 月，papi 酱在斗鱼、百度、优酷等八大直播平台同步直播首秀，获得“粉丝”点赞量近 1 亿，吸引近 2000 万“粉丝”关注，成为 2016 上半年最火爆的直播现象内容。

由此可见，明星的娱乐效应为企业带来的流量吸引是巨大的。但是明星、名人、热点事件等普遍都会存在成本高昂、可遇不可求的问题。企业如果将所有的品牌提升、销量转化的压力都放在自带巨型流量的明星和名人身上，显然不是直播营销最优质、最正确的方式，但是这并不妨碍企业树立直播内容年轻化的意识，从而贴近直播平台受众人群。

营销内容趣味性

虽然直播平台备受资本青睐且热度不减，但仍然处于发展的初级阶段。当下大多数直播平台仍然停留在看人看脸的秀场模式上，这种内容模式单一、贫瘠，无法为企业带去实质性的营销内容信息。同时，网民对直播平台的内容评价普遍较低，77.1% 的网友认为直播存在内容低俗、整体价值观导向偏低等问题。

除了内容价值较低，企业在做直播营销时还很容易进入另一个极端。以汽车直播现状为例，汽车直播作为直播的细分领域，普遍存在形式传统、内容太过专业等问题。

形式传统指的是，汽车行业普遍会使用“发布会 + 直播”的模式。通过邀请媒体、记者发问、采编成稿发布等环节完成宣传。直播在整个过程中成为一个可有可无的宣传手段，或者只是一个宣传噱头，并没有带来实质性的营销意义。同时也因为发布会的内容无趣，主持人全程都围绕汽车性能、评测、专业讲解等做内容输出，或领域太过垂直，导致直播的最终效果较差。

营销爆点密集

直播营销年轻化是为了吸引受众，把流量引入；内容趣味性是为了把受众留住，将流量落地；最后一步营销爆点密集是为了和留下的受众有更直接、频繁的互动，将流量转化为销量。

边看边买边分享是直播营销的最终目的，但是真正要实现让用户购买需要下很大功夫。除了在内容上不断制造吸引关注的爆点，一些辅助功能的使用也是必不可少的。比如，在直播的过程中直接发现金红包、点赞红包、抽奖送礼、密令红包、秒杀商品等。用频繁的福利对受众进行刺激，提升消费概率。

平台功能分析

直播平台是直播营销的核心环节，当下直播平台可大致分为三类。

综合型直播平台

这一类型的直播平台以泛娱乐、秀场直播为主，围绕着主播自身才艺、特长实现直播平台的主营业务，如映客、花椒、一直播等都属于这一类型。这类直播平台的用户基本上都是千万量级以上，可以为企业提供更多的渠道价值，通常会在品牌声量提升、注入流量资源、拓宽宣传渠道等方面对企业有所帮助。同时，由于这类平台上汇集着很多有才艺的主播，可以辅助营销战役中用户原创内容的生成。

垂直类直播平台

这一类直播平台的内容围绕着某些垂直细分领域展开，具有一定专业或行业的门槛，例如体育类、游戏类、财经类等。企业可以根据自身行业特性，有针对性地选择适合的直播平台进行直播互动营销，通过平台在垂直领域内聚积的受众，完成营销的精准触达。

电商类直播平台

电商类直播平台很好理解，就是电商平台和直播平台的结合，旨在为商品增加展示渠道，并直接引导消费者的购买行为。阿里、京东等电商巨头均已开始对自身电商产品进行直播模块的增设和布局。

流量获取分析

在用户时间碎片化、流量分散的社会化媒体时代，靠单一形式的内容平台完成营销战役并获得良好效果的概率越来越小。即使是拥有大体量用户的直播平台，也需要在进行营销战役时和其他平台配合，才能实现营销效果的最大化。

目前，微博、微信都属于巨型的入口级流量，企业的直播营销如果能用这些平台做辅助，必将事半功倍。

微　博

微博平台是直播的引流入口。企业在做直播营销之前，可以事先在微博上做话题预热，形成前期讨论声量。微博平台独特的开放性特点，使其成为直播及营销内容的传播渠道。

微　信

微信的直播体验没有微博的好，原因是微信对于自身的内容生态掌控比较严格。但是企业可以把微信作为直播的一个运营补充，借助朋友圈用户流量为品牌提升直播的曝光率。

直播平台自身推广资源

除了社会化媒体的宣传配合，直播平台自身的推广资源也是企业在直播营销过程中需要重视的，比如直播平台 App 的首页推荐位、banner 图展示、App 开屏推送、列表 banner 信息、App push（信息推送）。网红会利用他们的宣传途径，例如大 V 号、门店、贴吧、“粉丝”群等进行前期的自我营销和宣传等。企业在营销经费充裕的情况下，也可以尝试一下直播平台自身的推荐资源。

企业在做直播营销时有一些规律可循。

首先，在内容设计上，遵循年轻化、趣味性和爆点密集的三大特点。

其次，在平台选择上，如果企业希望通过直播获取品牌宣传声量提升，建议选择综合型的直播平台；如果企业希望通过直播获取直接的销量转化，建议选择电商类直播平台，也可选择电商和综合类直播平台搭配进行传播。

最后，在流量吸引上，企业需要将直播看作一次事件营销来操作，前期微博宣传话题预热，为直播的流量爆发做铺垫。同步直播或直播后期，借助微信宣传做营销沉淀，这样才能让整个直播营销真正落地，达成实效。

一小时卖了 2.28 亿，电商直播太疯狂

从超级流量池的角度来说，电商平台直播可以打造导购型消费场景，通过实时互动改变消费的场景和路径，是流量落地变现的最

直接方式。

以下便是电商直播的四大优势：

• 电商直播可以更全面、更直观地传递商品信息，促进了用户的购买决策。

• 讲解从一对一变成一对多，降低了售前咨询的负担和成本。

• 通过聚集人气营造团购氛围，进而提高转化效率。

• 直播过程中可直接跳转购买页面，让流量的转化效果立现。

那么一场有趣、有料、有流量转化的电商直播该怎么策划呢？下面以神州买买车王祖蓝直播为例，该案例曾获得 2017 天猫年度营销案例奖。

2017 年 1 月 9 日，神州买买车携手王祖蓝在天猫直播开启了一场 90 分钟的综艺式卖车秀。

在 90 分钟的直播时间内，点赞量突破 1820 万。神州买买车卖出 2717 辆科鲁兹，订单金额高达 2.28 亿元，平均每分钟卖出 11 台，创造了直播卖车新纪录。

这个现象级案例成功的原因总结为三个。

直播前期打开品牌认知通路

2016 年底，神州买买车的第一支品牌广告出街。

神州买买车团队远赴日本，特意邀请娱乐明星王祖蓝和网红PICO太郎，通过改编爆款神曲*PPAP*共同演绎“买买舞”。

“买买舞”作为神州买买车创牌阶段的第一支广告，在内容上足够简单有趣，并且重复强化品牌名称和品牌信息。

借助神曲*PPAP*的洗脑旋律，神州买买车的魔性广告一经上线就引发全民刷屏。PICO太郎蹩脚的中文和王祖蓝鬼畜的舞姿，都成为引爆受众讨论的热议话题。受众自发模仿、参与并上传原创内容，为品牌的创立做了二次宣传。

借着“买买舞”的话题热度，神州买买车团队迅速推出了这次直播活动。“王祖蓝0109生日快乐”“王祖蓝生日直播趴”两大话题同时启动，直播话题在预热期就稳居新浪微博话题榜第一。

颠覆性玩法，解锁直播新姿势

不同于“直播=网红发布会”或“铺（网红）量取胜”的套路，这次神州买买车的直播，团队从直播平台选择，到直播中的内容策划，再到福利爆点，每一个环节都严格把控。

电商直播为主，综合直播为辅

这次王祖蓝“生日趴”的直播，神州买买车选择了天猫直播和一直播两大直播平台。选择天猫直播的原因是天猫直播属于电商平台，在直播的过程中品牌不仅能随时随地推广产品信息，更可以引导消费者通过直播屏幕中出现的底部按钮完成购买行为，实现即时的流量变现。

同时辅以一直播平台。一直播是综合类直播平台，隶属于微博，和天猫直播同属阿里系，可以作为直播事件宣传和纯品牌发声。

当天，天猫直播和一直播双平台同时创下直播营销纪录。天猫直播的点赞量是1810万，实时互动量是3.3万；一直播的点赞量是4294.9万，最高在线人数超过200万。

综艺节目规格打造直播内容

和企业最初接受微博、微信时一样，很多企业同样会认为：做直播营销不需要做太多的内容准备和资金投入，就能换取巨型流量和销售转化。还有很多企业认为在直播时找一些自带流量的网红，用一部手机、一个自拍杆把产品和品牌植入进去，就可以算是直播营销。这些想法其实太简单。

造成直播营销成本和门槛低假象的原因在于，直播使用的智能手机的普及和使用成本降低。但这并不代表企业制作优质的直播营销内容的门槛低。

粗制滥造的营销直播，很难带来真正收效。

一场直播能带来的品牌曝光量、销售转化量，很大程度上取决于内容的质量。拿神州买买车这个案例来说，整场90分钟的直播，团队借鉴的是综艺节目的制作模式来完成的脚本与流程的设计。

90分钟的时间里，王祖蓝先后进行了生日庆祝派对、经典的“祖蓝式”模仿秀、“粉丝”赠送礼物、现场教学“买买舞”等五六个紧凑环节。

不仅嘉宾要和直播间里的"粉丝"及时互动，主持人也必须展现扎实的控场功底，见缝插针地把品牌信息、促销信息、活动优惠信息等传递给消费者。

此外，在直播间的场景布置上，要在观众目所能及的位置填充品牌标识。再配合多名主播互动，以及让模特成为行走的广告牌在背景中不时出现，不放过任何细节地强化观众的品牌记忆。

福利刺激达成销量转化

优质内容的目的是吸引流量并且提高直播过程中观众的黏性，而直播中不停地使用促销策略，就是为了进一步刺激观众，以达成销量转化。

结合天猫直播边看边买的特点，在王祖蓝"生日趴"直播期间，神州买买车共向观众发放了价值 5 万元的 4 轮红包雨，这些其实是借助了直播平台的辅助功能。

同时，在直播期间登录神州买买车的天猫旗舰店，买车就送 iPhone 7。每产生 50 个订单，还随机送一辆半价车。神州买买车先享后买的模式，也让受众在价格上得到最大实惠。

明星主导，网红助推

这次神州买买车选择代言人王祖蓝作为直播主角，同时配合多名直播主播同步助推，原因在于：根据品牌前期的数据分析，神州买买车作为一个汽车的电商平台，主打爆款新车特卖，其受众人群正是当前网络购物的主力人群"80 后""90 后"。其中习惯于通过互联网大额度消费的多数是"85~95后"。《"95后"新生代社交网络喜好报告》显示,"95后"对于明星和游戏话题的关注度远高于"非95后"。另有相关数据表明,有近五成的"95后"为自己喜爱的偶像明星花过钱。

这也就说明:第一,电商平台的受众与品牌的目标消费者高度吻合;第二,使用"90后"熟知的、有趣的、公众形象好的明星作为直播主角,更能实现直播的流量变现。

明星在直播营销中可以负责大部分的流量吸引,而网红的助推是为了让直播更具网感,让观众对直播场景体验更为真实,自带好感。

多平台、资源位传播配合

企业如果想在一场直播营销中看到高效果的流量转化,除了在直播一个渠道上单点发力,更要在直播前、中、后期同步借助其他传播渠道扩大事件声量。

就这次王祖蓝"生日趴"直播来说,除了天猫直播和一直播两个平台主页正中央的横幅位同步推荐,在社交平台、线下门店、分众传媒上都有相应的一些宣传内容。因为神州买买车当时正在创牌阶段,这场直播只是整个品牌创立营销战役的一部分,所以同步发力的品牌声量宣传后,营销的效果加上促销的配合,让所有的流量最终集中在直播这一个点上,实现高效转化爆发。

IMBT：电商直播的 4 个关键

到目前为止，直播营销的玩法仍然处于初级探索阶段，国内有关直播营销仍没有规范化的模式。随着 2017 年中，天猫 App 将直播按钮从首页降权到二级页面，直播营销也逐渐趋冷。

但是，在一年的直播营销试水尝试中，各平台和营销机构仍试图从中找寻直播营销玩法的规律，让直播成为一种可量化、可程序化的营销方式。

在这个过程中，移动营销公司氢互动率先提出了基于直播营销的“IMBT 电商直播方法论”，有一定的参考意义。

第一，IMBT 是 idea & IP（创意和 IP）、media（媒介）、benefit（福利）、technology（技术）的首字母缩写。直播营销从来就不是单点作战的营销，而是要在每一个环节都仔细考量并且必须具有规范化流程。下面会展开详述。

第二，电商直播是最具实效转换的直播形式。

在移动互联网时代，市场导向从传统的价格导向转为情景导向，电商越发需要在移动端实现购物模式的多样化，让消费者在场景化的环境中有更好的消费体验，成为驱动消费者迁移的新增长点。而直播的属性恰恰符合这一趋势。

不论是明星直播还是网红直播，受众在观看直播的过程中能及时参与互动，很容易被带进直播当下的情境中，产生消费冲动。而且在流量驱动、网红风靡、内容电商兴起和大数据的多角度冲击和推动下，社交化也是电商平台改进关注的重点。电商平台的网络直播完全能够覆盖到这些方面，让网民对社交网购的认可度日益提升。

企业在选择电商直播作为直播营销的主平台时，一方面，用户以自然状态分享购物信息到社交网络，引发真实自然的互动，引发更多潜在用户的点击和购买兴趣；另一方面，真实的用户关注、口碑传播、流量产生、购买结果都可以在电商平台中快速落地。用户在对某个好友、社区或网红产生信任后，也会增加其重复购买率。

既然电商直播将成为直播营销的必然趋势，那么下面就来拆解一下在电商直播中 IMBT 各环节的玩法。

创意和 IP

不论在什么样的媒介流行趋势下，内容创意都是营销的关键，只有好的内容创意才能把流量吸引并黏住。大家都清楚直播营销现在是个风口，很火热，但是很多企业对直播营销的理解仍然停留在网红、直播间、打赏等原生内容上。这样的原生内容对企业营销是没有什么帮助的。

我们之前讲过，优质内容稀缺是制约直播营销的一个关键性因素。在直播营销发展的过程中，很多企业、广告代理商以及一些新型的内容公司都做出了不同的尝试。

在直播盛行之初，凭借其在社会化营销领域的影响力，加上对直播这一新型营销方式的内容探索，杜蕾斯的“AIR 百人体验”直播营销就引起了大家的广泛关注。三个小时的超长直播，百人试戴，六大平台入口的同步直播，同步在线观看人数103.4 万。单从数据上看，在直播刚刚兴起时就能有这么漂亮的流量数据，无疑是成功的。

三个小时的主要内容是：搬了一个小时的床，聊了一个小时的天，做了一个小时的操，最后一团干冰气体喷出，直播结束。

如果说杜蕾斯的直播营销是在直播刚开始时的一次大胆的内容尝试，那么拥有大 IP、自带流量的 papi 酱首次直播则输在了没有内容规划这一点上。

papi 酱作为 2016 年上半年最火的网红，在经历了 4 月广告拍卖，以 2200 万元高价成为“新媒体广告第一标王”之后，实现了个人的 IP 价值和流量的最大化，也让所有和 papi 酱相关的话题都呈现出了极高的长效传播力。

这股传播力延续到 7 月，papi 酱在八大直播平台完成了自己的直播首秀。这次直播首秀八大平台同时在线观看人数高达2000 万，累计观看人数超 5600 万，互动超 23 万，微博热议声量达 20 万，是同期直播事件之首。

虽然整场直播不是一次商业活动，但是在直播中 papi 酱表现出的不适应、尴尬、紧张与之前在她自己的短视频中展现的轻松、无厘头相去甚远。在直播中，她不再是那个短视频里插科打诨、槽点段子不断的“papi 酱”，而成了一个活脱脱的自然人，而这个自然人对观众而言恰恰是陌生的、不自然的。这场直播首秀虽然有庞大的流量汇集，但不论是对 papi 酱个人还是对直播平台，都没有实现有效的转化。

从这几个案例可以看出，内容创意对直播来说是一件至关重要的事情。企业在设计直播营销时，一定要在一些内容创意环节上着重规划。

直播的脚本规划和互动设计

用综艺真人秀节目的规格来做直播营销，是我们一直强调的。就像写文章需要有提纲框架，做脱口秀至少要有核心主题，说相声也要拿出几个段子、抖上几个包袱。直播的脚本规划可以结合企业性质和产品属性，将每个环节都围绕着企业预期的效果下功夫。直播过程中的互动设计也可以控制直播嘉宾在什么时间说什么话，在哪些节点上是发送福利刺激销售还是用金句段子增加观众黏性，这些都是内容设计上的重要考虑。

跨平台直播事件，现场的调度控场很重要

普通观众对直播的印象是“真实”，所以直播睡觉、直播吃饭这样的用户原创内容都有很高的流量获取。但是企业做直播要做出“粉饰的真实”，直播间里一个嘉宾或者主播在表演生活，台下的工作人员则一定要应对八方。突发情况的处理、弹幕管理、现场背景布置、效果评估、彩蛋放送、设备调试等，都是直播屏幕外的内容工作。尤其是在选用跨平台直播时，细节场控做得好才能达到声量

和销量的双赢。

媒 介

对直播营销而言，除了内容创意的打造，还需要媒介渠道的推广。在直播营销中有三种形式的媒介推广需要企业重视。

直播平台充分利用自身资源

直播平台自身的传播资源是企业首选的天然流量入口。像 App banner 位、直播平台首页的推荐位、App 的开屏页面、推送的 push 信息、搜索入口等品牌露出位置，都是企业在做直播营销时需要首要考虑的。在直播过程中，附上直播预告和产品简介，通过点击简介也可以直接跳转到购买详情页。

多直播平台同步直播

我们一直在强调电商直播平台是直播营销的首选，企业在营销时如果经费充裕，建议选择“电商直播 + 综合型直播”，多平台搭配使用。用电商直播做流量落地入口，用综合型直播做声量宣传渠道。

2016 年 4 月，美宝莲纽约整合互动营销，Anglebaby 和 50 名网红同步直播，以天猫直播为主的九大直播平台联手合作平台全程直播，获得超过 500 万的在线收看，最终卖出 1 万多支口红新产品，实际的转化销售额达到 142 万元。

跨媒介平台合作传播

数字营销如今越来越向着多媒体平台整合的方向发展，单靠某一种形式的营销是无法把分散在四处的流量聚合起来的，直播营销也是一样。未来的营销战役必将是多平台的组合发展。微博、微信、社群、朋友圈、品牌类的媒介投放，这些投放形式需要企业根据具体情况选择配合使用。

2016 年 5 月，在宝马为全新 BMW X1 举办的音乐秀直播发布会上，共使用了包括朋友圈广告连接直播、QQ 音乐连接直播、腾讯炫境 VR360 直播、腾讯视频移动预约，以及企鹅电视直播在内的 5 个直播信号，形成直播矩阵，将直播和社群、VR（虚拟现实技术）技术、内容营销相结合，共吸引了 1000 万人在线观看。

福　利

福利是保证流量黏性的第一前提。对观众而言，企业在直播营销过程中既可以增加用户对企业的好感，又可以刺激销售、促进分享。直播营销福利的玩法也很多，比如红包发放、卡券发放、秒杀商品、买送等。

现在直播过程中使用福利刺激的越来越多，几乎每个直播过程中都会出现。

企业在直播中使用福利，必须建立几点意识。

要有制定直播中互动福利规则的意识

在直播期间什么时间发放什么样的福利，哪些环节使用哪些福利规则，福利规则要怎么制定才能有趣、好玩儿，这些都是企业要事先考虑的福利规则问题。

要提前准备直播中的互动福利物料

在直播页面上出现的红包、卡券、产品折扣券，都要事前根据风格调性制作准备好。此外，红包、卡券的金额设置、时间设置也要通过技术后台提前改造设计，准备完善。

技 术

直播技术后台的使用也是企业在营销中需要重视的问题，其中包括直播现场搭建时拍摄、录制、灯光、连麦、音箱设备的调试，还有导播、客服、交互屏幕的操作；网络带宽、视频服务器；直播屏幕中的画面、弹幕、浮层特效等。

2016年6月，马东率领米未旗下艺人在映客总部组局的直播首秀，在当时就提供了一种新的直播玩法。

直播中共动用了4个直播间，马东隐藏在映客总部的某个位置，一边磕着“粑粑瓜子”，一边和直播间的观众聊天，在一个半小时的直播里共发布三次信息给到三组米未艺人。艺人需要和“粉丝”互动，完成线上线下的挑战项目获得信息，最终找出马东的位置。

4 个直播间总观看人数达到 661 万，马东本人直播间的观看人数达到 240 万，一举创下当时直播平台在线人数观看直播的新纪录。

该直播首次使用“连麦”“浮层特效”等技术，优质的内容策划、互动规则、技术跟进都可以将这次直播定义为一场内容型的直播秀。

2017 年 5 月，神州买买车冠名栏目“喵了个车”，联合《人民的名义》里的“超级贱人”郑胜利又做了一场卖车直播。

90 分钟直播下来，全场观众达 35 万，点赞数 2207 万，90 分钟内下订 1408 台车，平均每分钟下订超过 15 台，付款成功的达到 1038 台，订单总金额破亿元大关。

以上，正是基于氢互动在直播领域里提出的 IMBT 方法论：当品牌在做直播时，必须以内容创意为爆破点，以媒介平台为载体，以福利为驱动，以技术手段为保障，才有可能达成品效合一，实现流量转化变现。

第十二章

跨界营销的流量巧用

BD 跨界营销已经是品牌合作中常见的策略。品牌之间的联合就像谈恋爱，既可以为企业和消费者带来全新的视角，也能让双方获得“1+1>2”的效果收益。

BD 部门正在成为现代企业市场部的一个重要组织。如果说品牌、广告、社交媒体是市场部队中的重骑兵，那么 BD 则是一支神出鬼没的特种兵，往往以较小的代价创造神奇的效果。

跨界合作的好处是显而易见的。

第一，可以丰富品牌内涵。

品牌的跨界合作一方面体现了品牌自身的开放性，另一方面也使营销手段多元化。两个调性相同的品牌达成同盟，或者组成 CP（一对儿），可以增加品牌之间以及品牌受众的新鲜度和丰富度。

第二，低成本的流量获得。

随着互联网人口红利的结束，社交平台上的流量资源开始枯竭。企业靠品牌自身发掘的新流量越来越少，而且品牌受众的消费潜力也被攫取得差不多了。依靠口碑、“粉丝”、回头客带来的销量滚动越发困难，那么和同等量级品牌抱团，让双方“粉丝”交叉、流量互洗，对企业来说也是一个以低成本获得流量的快捷方式。

第三，达成品牌传播和销售的双赢。

显然，跨界营销的最终目的是达成销售，只有让双方品牌在有曝光量的同时促进成单量，品牌跨界合作、企业的 BD 运作才有实际意义。

在获取和经营流量池的过程中，一个企业要想通过 BD 减少营销成本、获得免费流量、提高转化效率，就需要一套完整的 BD 策略来打一场“配合仗”。

当流量遇到流量

流量池思维一直在强调“从最大化的流量获取”角度看营销的每个环节。

如果我们去除“声量提升”和“效果收益”两大目的，仅用流量思维来看 BD 合作，那么企业选择 BD 布局的直接原因就是实现双方企业的“流量互洗”。

“流量互洗”是企业在多轮营销活动后，已经很难进行流量拓展和深度发掘的情况下，依照品牌实际需求，将双方企业自身流量互换，实现双方平台价值利用最大化。

以神州专车的 BD 合作为例。

神州专车从 2015 年 10 月开始加大对外的流量交换和流量拓展，截至目前已经完成了与近 500 个品牌的跨界合作。现阶段神州专车的广告投放量已经开始减少，主要的营销出镜活动和流量获取都是通过BD获得。很多品牌在和神州专车合作后，都会选择二次及多次的合作。这是基于对神州专车的创意形式、自有流量的纯度、品牌影响力的认可度产生的深度合作。

当然，不是所有的品牌都适合这样的合作形式。根据品牌行业属性的不同，BD合作的程度也会有相应的差异。

一般情况下，BD合作会有4个不同的阶段。

阶段一：联合创意

品牌双方联合想一些创意、做一些活动，是最常见的一种合作形式。很多情况下，如果品牌之间的合作契合点巧妙、合作内容有创意，就能带来一些流量及关注度，效果往往也会比投放好一些。

在联合创意上的合作比较多，我们举两个例子。

天猫“双11”与众多品牌

2016的天猫“双11”在预热期就出炉了一系列以“猫头”为主轮廓的品牌宣传海报。40多家国际知名品牌需要在“猫头”特定的主轮廓中，用精巧的画面呈现自身产品及品牌特性。这一系列海报在地铁、公交、分众等线下大规模投放，除了让人一眼就识别出天猫“双11”，还对这些品牌印象深刻。

饿了么与杜蕾斯

杜蕾斯的特性和饿了么的配送服务结合，本身就让合作自带热点吸睛功能。2017 年，杜蕾斯借助饿了么的平台流量，结合自身的精准受众，推出“419 SOS 速达服务”，实现双方的流量互洗。

“419 SOS 速达服务”示例

阶段二：内容、平台合作

目前，品牌联合并未停留在创意合作的表层上，而是会向内容、平台等深度发展。单就创意而言，如果没有更深层次的合作，就会让品牌联合的整体性意义弱化。双方借助创意的形式，植入内容互推品牌广告，可实现更深程度的利益互享。

饿了么与网易新闻

“丧茶”是网友们针对“喜茶”虚构出的网络衍生品，和喜茶满满的正能量相反，丧茶展示了年青一代负能量的自我宣泄。本以为这只是脑洞清奇的网友们的又一恶搞，但是在2017年“五一”期间，网易新闻和饿了么就联手把丧茶带到了现实生活中，开了一家丧茶快闪店。

丧茶快闪店虽然只营业4天，但是不仅请来了超级网红王三三做代言，更支持饿了么的外卖配送（第七章有案例详解）。

阶段三：产品、技术合作

再深一点的BD合作就是产品入口级的合作。

比如神州专车通过应用程序编程接口接入“航旅纵横”。作为航班出行软件排名第一的航旅纵横，只要用户在航旅纵横上订了机票，页面下方自动就会有一个接送机的入口，可以让用户使用神州专车。

肯德基和手游《阴阳师》的合作也属于产品的深度合作形式。2017年3月，肯德基携手《阴阳师》，在8个城市设置了不同主题的门店，并推出阴阳师定制套餐。同时在游戏场景中设置了肯德基门店副本，玩家也可以根据移动位置服务地图进入附近的肯德基门店打副本，得到稀有道具。

神州专车与航旅纵横的 App 入口级合作

肯德基与《阴阳师》的商务合作

阶段四：订单交易合作

BD 合作到了这一阶段，就可以和一些重要品牌完成内部成单交易和订单分享。

2016 年底，神州专车通过谈判、商务合作，拿下了华为 Mate 系列在中国区唯一的预装出行软件。

为什么选择和华为合作呢？因为神州专车的后台数据显示，70% 多的用户使用的手机机型是苹果 iPhone，12% 的用户是华为，所以前几个使用机型就是神州专车的重点合作对象。

在神州专车之前，华为的所有高端手机都没有预装的出行软件，在华为未来推出的 P 系列、Mate 系列都会有神州专车的预装出行软件。

为提高定向转化，神州专车给华为用户定制版 App 里都单独赠送了 300 元券包，这样可以提高整个 App 使用的激活率。除了华为的预装机，对于 iPhone，神州专车还率先进行了 Apple Pay（苹果手机支付功能）的合作，同时加大了和三星应用商店的合作，这些都是根据机型数据，分析用户消费行为后进行的有价值的 BD 合作。

既然在选择和其他品牌 BD 合作时的程度有所不同，那么企业选择 BD 商务合作就要根据筛选结果制定不同的应对策略。比如哪些品牌和企业是需要自身"主动出击"的，哪些是可以"选择接受"的，哪些又是可以"行业打通"的。

类型一：主动出击型

需要企业主动出击寻求合作的品牌，一般来说都是体量较大的各行业内的领先品牌，拥有大量的流量资源，受众对品牌忠诚以及受众的消费能力都经过考验。和这些品牌跨界合作，能够给企业自身带来流量的汇集和销售量的增长。

针对需要主动出击型的企业，在商务合作之前要找好资料、做好功课，并且主动取得联系。必要时，企业可以考虑付出更多的资源成本进行交换合作。

神州专车在早期想和轻奢品牌 Michael Kors（MK，迈克高仕）

进行商务品牌合作，但是MK感觉自身和出行品牌在调性上不太吻合。BD团队没有泄气，策划了一个针对中高端乘车用户的情人节小创意，“坐专车，赢取限量版MK手包”。这个策划只在微信上试水，投入很小，激发了MK的测试兴趣，最终执行效果超出预期（大量真实用户转发并参与活动），双方从此建立信任并成为持续合作品牌。

类型二：选择接受型

这一类型企业往往因为品牌力强，会获得很多主动合作邀请，这对BD人员而言既是幸福也是考验。BD人员需要通过对要求合作的企业进行筛选，选取合适的品牌，根据企业自身定位调性实现品牌合作。建议市场BD部门可制作具体的筛选条件表格，并有内部例会讨论制度。

类型三：行业打通型

这一类型不是指一个一个地去谈企业合作，而是在适合自身品牌的某垂直行业，通过行业组织协会、行业活动或相互转接介绍，把整个行业垂直打通，彻底包圆。这种BD合作，往往是一种企业市场战略级手段，不仅能扩大自身流量优势，还能给竞品设立壁垒。

神州专车在高端酒店和会议方面的“头等舱计划”，就通过与香格里拉酒店集团、开元酒店集团、万达酒店集团等多家著名酒店连锁集团合作，开设企业用车服务账户、设置酒店上车站点等方式，渗透占领中高端酒店行业的接送服务。这种行业打通合作，目标聚焦，执行考核明确，是企业竞争的有力武器。

BD 经理：找到你的好朋友

通常，企业中 BD 经理的工作内容就是寻求本行业或跨行业的企业合作，这对于 BD 经理的谈判技巧、人脉资源、内部协调能力等都有着巨大的考验。

比如，怎么才能快速找寻到目标合作客户以及关键决策人——检验的是人脉资源。如何衡量对标合作付出的资源力度——检验的是谈判能力。如何合作规划与产品开发、技术实现的时间差——考验的是 BD 经理的内部协调力。当合作渠道效果不理想时，能否及时排除不合适的渠道，或者排除正确渠道上的错误合作方式；是否有快速试错、快速更改的能力。这些都是对一个 BD 经理能力的检验。

在技巧上，BD 经理要做到真诚、务实、高调和"捞过界"（广东方言，指超越自己的工作范围）。

真诚：有同理心，站在对方角度考虑合作，先判断是否能够全部或部分满足对方的 KPI，再做下一步谈判。根据合作需求提供真实有效的流量位置，拒绝一锤子买卖。

务实：充分了解自身平台实力与现状，充分尊重合作方的平台现状和需求。制订能够实现的合作计划，不忽悠，不天马行空。

高调：BD 合作一定要高调，宣传力度要强。不仅要让对方企业看到宣传，还要尽可能让更多的人知道，这样才能显示出企业合作的诚意，推动合作进展。

捞过界：了解产品、技术、财务、法务、市场等相关协作部门的工作内容及流程，能够为合作方提供他们感兴趣的优势内容，如创意、设计、话题等。

找到合适的 BD 资源

也许有人会说，神州专车的品牌势能很强大，所以完成商务拓展会相对容易，如果是初创企业或者中小型企业就会比较困难。

事实并非如此。

通过 BD 运作后的跨界交换流量并不复杂。企业只需要有一些如微信、产品等的基础流量，就可以有选择性地和同量级的其他企业进行交换。

企业的 BD 合作是一个循序渐进、循环往复的过程。只有一步步稳定搭建合作渠道，逐步实现合作的生态闭环，并且在这个闭环中不定期地进行不同主题的营销活动，才能更有利于自身企业的优质资源积累和后续传播中的资源互换，让合作双方实现品牌共赢，同时达到双方的品牌提升，最终实现减少成本、增加收益的营销目的。

我个人的经验，除了跟产品属性直接相关的场景型合作，跨界方面，企业 BD 一定要重视娱乐资源和金融资源。

通过娱乐资源减少产品宣传成本

明星娱乐是最好的品牌宣传资源，利用免费的IP授权和明星资源不仅能将一部分“粉丝”的流量吸引过来，也能为产品和品牌借势获得曝光的机会。比如，前文举过的案例，在《鬼吹灯之寻龙诀》上映期间，神州专车使用舒淇的形象做裂变红包，通过那一次裂变，神州专车获得了几十万的新增用户。

通过明星、影视、娱乐宣传发行获得的分享、下载和转化的效果，会远远优于一些纯创意性的传播，而且大大降低企业营销的传播和创意成本。

所以，企业在商务合作时，要有意识地联合影业投资、制作、营销、影院等产业链上下游知名方，借助交换宣传发行、增加曝光、制造话题等形式，分流一部分营销创意和传播的压力。

通过金融资源增加销售收益

在企业的商务拓展合作中，娱乐资源是用来减少品牌传播成本的，而金融资源的作用则是增加销售收益。企业和金融机构的商务合作形式多为企业联合银行，通过广告、产品绑定、联名卡等方式，获得银行的采购收入和营销支持。

比如，联名卡的运作就是由发卡银行和企业联合发行一张卡片，持有卡片的消费者在该企业消费可以享受一定比例的优惠，这能够给企业带来一定的直接销售收益。神州优车集团与浦发银行发行的“御驾黑卡”、携手银联的“神州银联周”都属于此类范畴。

在寻找合适资源时，企业要做到“知彼”“知己”

知彼：找到品牌同盟军

想要和其他品牌组 CP，需要先通过数据分析，制作双方用户画像，找最佳场景结合，同时要充分考虑双方品牌定位和调性。

这很好理解，跨界营销考虑的就是品牌之间的“门当户对”。选择合作的对象首先要和自身企业实力相匹配，要拥有相关的受众消费人群，才能让合作产生最大价值。如果前期没有通过数据分析调研，掌握对方用户和自己的结合点，在营销进行的后期会因为定位失误，让合作收益大打折扣。

此外还要充分了解对方企业的产品特性和品牌定位，找到特性中可以契合的共性，将资源重配或调剂，取长补短，碰撞出最恰当的化学反应。要注意，企业之间的跨度越大，化学反应就越明显，也能取得越好的效果。

> 结合神州专车的品牌定位，像“中高端领先品牌”“全球知名品牌”“垂直领域领先”类似这样的企业品牌就是和神州专车合作的首选，所以房地产、航空、快消、银行、轻奢等中高端企业或品牌都会在神州专车的重点合作名单中。如今，与神州专车进行过跨界合作的品牌已经超过 500 家。

知己：了解企业可交换的流量在哪儿

企业在进行 BD 合作之前，首先要了解自身有哪些流量位是可以交换的。

神州专车能用于流量交换的形式有很多。比如，线上的有 App、官网、微信、微博、会员短信、App push、裂变红包；线下的有车身展示、车内放置、车内 iBeacon①、户外广告牌。这些都可以用作流量交换的资源。

能够和神州专车进行交换的合作方一共有两类：

第一，线下实体企业，以门店展示、产品内外包装、户外广告资源等为主。

第二，互联网企业，以官网、App、微信、微博、第三方合作资源位展示（如京东、天猫店）为主。

每次在做置换合作前，都会针对每次营销战役所需要的不同效果目标，在内部先进行资源的分类梳理。如果这次合作，神州专车希望达成品牌、产品传播曝光上的效果，让“曝光率 > 直达率”，那么就会在品牌合作类选择合作对象。如果营销战役希望能够直接达成销售购买，也就是“直达率 > 曝光率”，那么合作对象的选择就会偏重购买转化。

在神州专车内部，线上 App 广告位、官网广告位、裂变红包、线下门店展示、车身展示等都属于曝光类的资源位；会员短信、微信、微博、App push、车内 iBeacon 等都属于购买转化类的资源位，合作的对象和方式将会更深入、更复杂。

试举两例，第一个例子是互联网置换互联网。

① iBeacon 是苹果公司 2013 年 9 月发布的移动设备用 OS（iOS7）上配备的新功能，是一种通过低功耗蓝牙技术进行十分精准的微定位的技术。——编者注

互联网企业与互联网企业置换的核心在于交换流量、增加新用户。在合作伙伴的选择上，除了要选择调性一致的企业，还要注重企业业务之间的天然结合，寻找精准目标用户。

神州专车和途家网体量刚刚达到百万级时，共同策划了主题为“住途家在一起，神州专车接送你”的活动，为用户联合赠送千元出游大礼包（含1000元神州专车接送机礼包+1000元途家住宿礼包）。

神州专车提供App banner、微信、微博等渠道，途家提供App banner、官网首页顶部banner、高铁广告、电视节目广告等线上线下渠道推广。

本次活动总计曝光963万，神州专车促成订单金额超过700万元，直接为途家带来超过10万的手机注册用户，促进订单金额近50万元（效果数据由途家网提供）。

第二个例子是互联网置换实体企业。

实体企业与互联网企业置换的核心目的在于，实体企业需要获得线上流量支持，节省广告成本；互联网企业则相反，需要补充线下流量，提高品牌曝光。

神州专车与国美电器共同策划了美神内购会活动。合作期间，国美电器通过神州专车在线App礼盒及车内摇一摇为内购会集客，节省广告成本115万元；神州专车置换国美电器全国卖场的万台 LED（液晶屏幕）、32 万台在售电视屏幕，1800 家店内展区进行 TVC 广告展示，曝光超过 2000 万。

这些好 BD 案例，总有一款适合你

案例一：神州专车与远大洁净空气

经数据分析，用户在雾霾天对都市出行专车的需求增长强劲，神州专车的同比出车量会增长 59%，预约用车订单量增长 51%。雾霾天订单阶段性的大幅增加表明，大家避免雾霾天室外出行成为共识，特别是短程订单的增加，进一步说明乘客对洁净出行环境的需求。

神州专车与远大洁净空气的跨界合作

于是，神州专车与远大洁净空气、三个爸爸联合打造“无霾专车”，在6000多辆专车上安装了智能车载空气净化器，对运营服务再次细化和提升，继续把服务体验作为产品升级战略。

案例二：神州优车与浦发银行

2017年5月10日，神州优车集团和浦发联合发布国内首张顶级出行信用卡——神州“御驾黑卡”，神州御驾黑卡定位高端商务精英人群，是一款定制化高端信用卡，其用户权益覆盖商务人群全方位出行场景，可尊享航空、租车、专车等多方面的“白金权益”。

策划人员牢牢锁定该卡的特殊福利定位：“一卡尽享三白金”，持卡人可同时尊享浦发银行、神州专车、神州租车三大白金卡权益。

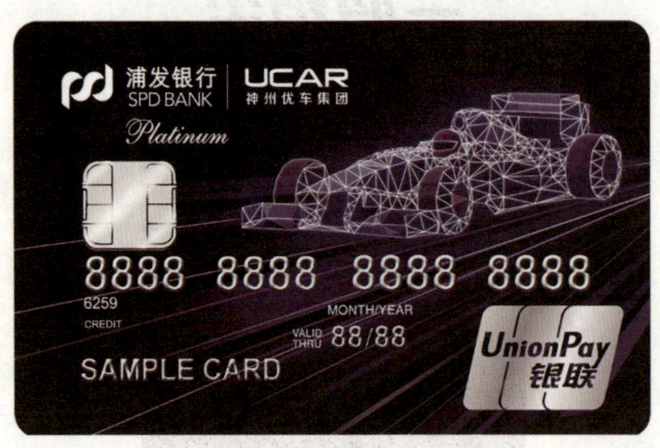

御驾黑卡

在消费升级和“互联网+”的大潮流下，神州优车集团与浦发银行的合作聚焦高端用户价值，是对出行消费领域以及场景金融的新探索。

御驾黑卡推出半年时间，用户累计申请进件量超过 10 万张，成为当年全国信用卡行业的跨界神卡之一。

案例三：故宫淘宝

故宫淘宝的文化 IP 跨界，也是一个现象级案例。

据媒体透露，2015 上半年，故宫淘宝文创产品的销售额就达到了 7 亿元，超过过去一年的总和，这一销售额也成功赶超故宫全年的售票金额。

借助成功打造的超级 IP，故宫淘宝不断加强自身与其他品牌的跨界合作，合作形式也呈现多样化。

平台联合

2016 年 7 月，腾讯 Next Idea① 携手故宫淘宝，用一个《穿越故宫来看你》的 H5 刷爆了朋友圈。

明成祖朱棣从画中走出，戴着墨镜、唱着 Rap（一种音乐风格）；宫女戴着 VR，发 QQ 刷朋友圈……这一次的平台跨界联合，不仅巩固了故宫淘宝的一线网红地位，也让腾讯 Next Idea 活动得到充分的曝光。

---

① Next Idea 是腾讯集团整合自身优势业务资源搭建的一个跨业务平台，是跨艺术、科技、创业品类的系列校园项目。——编者注

故宫淘宝的平台联合

IP 合作

有趣、娱乐化是移动互联网营销的重要关键字，而在互联网中生长的产品也同时兼具了娱乐化属性，产品自身就是话题，就是营销，容易引发用户共鸣。

对故宫淘宝来说，其衍生的周边文创产品很多都是常见物品，比如手机壳、针线盒、折扇、盆栽、胶带等，但是所有产品都被赋予了“故宫 IP”的意义，让皇帝、宫女、大臣等历史人物形象卡通化，自身形成一个可以被无限拓展、展开联想、再加工创造的 IP 内容。

成为超级 IP 的故宫，又开展了和其他 IP 的跨界合作。比如，在 2016 年热门动画电影《大鱼海棠》上映时，就联合推出了定制产品。同时在社交网络上，也通过借势为双方完成流量互洗。

产品推广

当故宫淘宝成为爆款 IP 后，作为传统金融企业的招商银行信用卡也借“故宫淘宝”顺势推出了品牌衍生品，打造“奉招出行”行李牌等趣味礼品。

故宫淘宝已经形成了以主打文化、价值驱动的 IP 品牌。将价值认同作为纽带更容易带动消费，而从产品这种深度合作的形式来看，双方品牌不仅能借助各自的流量势能完成品牌曝光，更能促进最终的实际销售。

“奉招出行”产品推广

案例四：麦当劳与小黄人

热门电影 IP 作为强势流量，被各大品牌在 BD 营销中争抢是正常的事，而在合作中，品牌又很容易成为陪跑者，让受众记住 IP 形象而忘记合作品牌。

但是在麦当劳与小黄人的合作中，麦当劳的品牌并没有被小黄人的势头掩盖，反而成为小黄人在中国爆火的重要推手。受众对小黄人的热情也让麦当劳的小黄人套餐形成供不应求的态势。

统计数据显示，麦当劳在小黄人套餐推广期间，微博“小黄人占领麦当劳”的热点话题讨论量超过 5.1 万，页面浏览量超 3200 万；三篇微信推送文章阅读量近 500 万，转发近 15 万；小黄人玩具全部售罄，品牌好感度大大提升。

除了线上微博、微信的声量曝光，在线下，麦当劳丰富了产品和店面的包装设计。

首先，全线产品配合小黄人主题。杧果派、麦趣鸡盒、麦旋风等麦当劳的全线产品，全部更换为带有小黄人形象的产品包装，并且搭配小黄人玩具进行售卖，增加新品销量的同时也带动了库存的销量。

其次，小黄人主题餐厅。小黄人本身的黄色和麦当劳的基础色很容易完美结合，设置了小黄人主题的麦当劳餐厅可以给受众提供更好的情景体验和用餐体验，进一步加强了品牌和 IP 的关联记忆。

麦当劳与小黄人的品牌合作

结合以上案例，再次提醒几个 BD 跨界合作的小贴士：

- 要结合用户数据画像，找到系统性的品牌同盟军。
- 要拿出自己优质的流量资源，和其他品牌真诚合作。
- 如果想和顶级品牌合作，还需要提供更好的跨界创意策划。
- BD 传播要高调，要调动双方合作的积极性和更多资源支持。

附 录
Appendix

术语表

自 序

营销技术（Marketing Technology，即 MarTech）

MarTech 是由营销达人斯科特·布林克尔（Scott Brinker）首创的词，指的是那些设计用户体验、提供即时服务、优化消费者体验流程，以及优化顾客转化的技术。渠道大部分是自有媒介，技术手段和实现方式包括顾客关系系统、营销自动化软件和服务，以及电子商务管理系统。

广告技术（Advertising Technology，即 AdTech）

AdTech 指把广告和品牌内容送达消费者的技术和手段。AdTech 使用的渠道是付费媒介，技术手段和实现方式包括各类网页广告、SEM 付费搜索、原生广告、程序化购买和 DSP 等。

流量思维

通过免费或较低的投入获得巨额流量，并通过有效手段完成流量变现。

流量池思维

在利用较低投入获取流量之后，通过存储、运营、发掘等手段，对现有流量进行更有效转化，以及对未发掘流量进行更深度、更精准开发，然后获得更多流量，以解决企业流量贫乏、转化率低、营销无力、移动端转型等问题的战略思维。

品效合一

即企业在营销活动中要实现“品牌成长”和“实际效果”的双增长，在做到品牌曝光的同时，也要带来效果转化。

数据管理平台（Data-Management Platform，DMP）

是把分散的第一和第三方数据整合到统一的技术平台里，再通过机器学习算法对这些数据进行标准化和细分管理，并把这些细分结果实时地应用于现有的互动营销环境里，帮助营销取得最大化效果。

商务拓展（Business Development，BD）

即指根据公司战略，连接并推动上游及平行的合作伙伴结成利益相关体，和相关政府、媒体、社群等组织及个人寻求支持并争取资源。BD 可以理解为广义的营销，或者是战略营销。BD 延伸了企业组织和利益的边界，BD 部门的领导首先要具有宏观的战略思维。

第一章

页面浏览量（page view，PV）

通常是衡量一个网络新闻频道或网站甚至一条网络新闻的主要指标。页面浏览量是评价网站流量最常用的指标之一，监测网站 PV

的变化趋势、分析其变化原因是很多站长定期要做的工作。

独立访问用户量（unique visitor，UV）

即通过互联网访问、浏览这个网页的自然人。

需求方平台（Demand-Side Platform，DSP）

DSP 是以精准营销为核心理念。这一概念起源于网络广告发达的欧美，是伴随着互联网和广告业的飞速发展新兴的网络广告领域。DSP 传入中国，迅速在国内成为热潮，成为推动中国网络展示广告 RTB 市场快速发展的动力之一，也会成为 SEM 后的一个广告模式。

媒介即人的延伸

这是马歇尔·麦克卢汉在《理解媒介：论人的延伸》中提出的概念。他认为，媒介是人的感觉能力的延伸或扩展。任何媒介都不外乎是人的感觉和感官的扩展或延伸：文字和印刷媒介是人的视觉能力的延伸，广播是人的听觉能力的延伸，电视则是人的视觉、听觉和触觉能力的综合延伸，等等。

基于位置的服务（LBS）

基于位置的服务，是指通过电信移动运营商的无线电通信网络或外部定位方式，获取移动终端用户的位置信息，在 GIS（地理信息系统）平台的支持下，为用户提供相应服务的一种增值业务。它包括两层含义：一是确定移动设备或用户所在的地理位置；二是提供与位置相关的各类信息服务。

增长黑客（Growth Hacker）

是市场营销、产品研发、数据分析三个角色的聚合。增长黑客这一群体将增长作为唯一的目标，他们以最快的方法、最低的成本和最高效的手段获取大量的增长。

搜索引擎优化（SEO）

是指为了从搜索引擎中获得更多的免费流量，从网站结构、内容建设方案、用户互动传播等角度进行合理规划，使网站更适合搜索引擎的检索原则的行为。

搜索引擎营销（SEM）

简单来说，搜索引擎营销就是基于搜索引擎平台的网络营销，利用人们对搜索引擎的依赖和使用习惯，在人们检索信息的时候将信息传递给目标用户。

信息流广告（feeds）

即出现在社交媒体用户好友动态中的广告。它最早于2006年出现在社交巨头Facebook上，随后推特、Pinterest、Instagram等社交网站和领英以及国内的QQ空间、微博、微信等社交媒体也相继推出信息流广告。它以一种十分自然的方式融入用户所接受的信息当中，用户触达率高。

第二章

一镜到底长图文

“一镜到底”原为影视拍摄术语，被百雀羚《时间的敌人》所借用于长图文创意中，用一张长图文从头到尾连贯展示创意故事情节，成为2017年刷屏创意形式之一。

内容营销（Content Marketing）

内容营销是指以图片、文字、动画等介质传达有关企业的相关内容来给客户提供信息、促进销售，即通过合理的内容创建、发布及传播，向用户传递有价值的信息，从而实现网络营销的目的。企业仅靠内容，而非广告或推销就能使客户获得信息、了解信息，并促进信息交流。

KOL（关键意见领袖）

KOL 被视为一种比较新的营销手段，发挥了社会社交媒体在覆盖面和影响力方面的优势，基本上是指在行业内有话语权的人，包括在微博上有话语权的那些人。

效果广告

是相较于品牌广告而言的一个概念，针对的是最接近消费者购买行为的探索阶段，其表现形式与品牌广告完全不同。效果广告可衡量的行为可以是点击、下载、注册、电话、在线咨询或者购买等，基本上可以归纳到 CPA 的范畴。最好可以再深挖，达到 CPS 按照销售行为来付费的范畴。

展示广告

展示广告是一种按每千次展示计费的图片形式广告，可以投放在 feeds 和博客页面中。这种广告业内通常称作 CPM 广告。展示广告当前比较成熟的有两种方式：一种是 Google Adsense（谷歌快速简便的网上赚钱方法）的按点击付费，一种是普遍的按展示付费。

H5

H5 是由 HTML5 简化而来的词汇，原本是一种制作万维网页面的标准计算机语言。现借由微信移动社交平台，走进大家的视野。从营销角度来讲，H5 不仅能在页面上融入文字动效、音频、视频、图片、图表、音乐和互动调查等各种媒体表现方式，将品牌核心观点精心梳理、重点突出，还可以使页面形式更加适合阅读、展示、互动，方便用户体验及用户与用户之间的分享。正是具备了这样的营销优势，H5 技术的运用不但为移动互联网行业的高速发展增添了新的契机，也为移动互联网营销开辟了新渠道。

AIDMA 法则

AIDMA 是消费者行为学领域很成熟的理论模型之一，由美国广告学家 E. S. 刘易斯在 1898 年提出。该理论认为，消费者从接触到信息再到最后达成购买，会经历 5 个阶段：Attention（关注）——Interest （兴趣）——Desire （欲望）——Memory （留下记忆）——Action（行动）。

CPC（Cost Per Click）

即以每点击一次计费。

CPL（Cost Per Leads）

即以每一条客户留资信息计费。

CPS（Cost Per Sales）

即以每一件实际销售产品计费。

USP 定位

20 世纪 50 年代初，美国人罗瑟·里夫斯（Rosser Reeves）提出 USP（Unique Selling Proposition）理论，即向消费者说一个“独特的销售主张”。到 1990 年以后，达彼思广告将 USP 发扬光大。

知识产权（Intellectual Property，IP）

IP 可以是一个故事、一种形象、一件艺术品、一种流行文化，更多的是指适合二次或多次改编开发的影视文学、游戏动漫等。近几年来，品牌和 IP 之间的合作日益增多，且企业也越发注重自身 IP 的塑造和培养。原因在于企业可以借助站在成功 IP 背后数量庞大的“粉丝”群体为自身获得快速的流量增长，“粉丝”不容小觑的消费能力也能成功带动相关产品的销售。

SOP 管理

即 Standard Operation Procedure 三个英文单词首字母的大写，中文译为“标准操作流程”，就是将某一事件的标准操作步骤和要求以统一的格式描述出来，用来指导和规范日常的工作。SOP 管理的精髓，就是对某一程序中的关键控制点进行细化和量化。

第三章

场景营销

企业在某个领域发现消费者的可塑性，并通过构建“场景（线下或线上）”引领消费者进入，让该场景进入大众视野，并基于此场景开展并完成营销活动。

CPM（Cost Per Mill）

即以每千人次浏览计费。

App 开屏

即在应用开启时加载，展示固定时间，展示完毕后自动关闭并进入应用主页面的一种广告形式，按 CPM 计费。

原生广告（Native Advertising）

是从网站和 App 用户体验出发的盈利模式，由广告内容所驱动，并整合了网站和 App 本身的可视化设计。简单来说，就是融合了网站、App 本身的广告，这种广告会成为网站、App 内容的一部分，如 Google 搜索广告、Facebook 的 Sponsored Stories（受资助的内容）以及推特的 tweet（推文）式广告都属于这一范畴。

原生广告是 2012 年新提出的概念，目前业内对原生广告并没有一个明确的定义，但大家普遍认为原生广告具有三个基本特点。第一，内容的价值性。原生广告为受众提供的是有价值、有意义的内容，而不是单纯的广告信息，是该信息能够为用户提供满足其生活形态、生活方式的信息。第二，内容的原生性。内容的植入和呈现不破坏页面本身的和谐，而不是为了抢占消费者的注意力而突兀呈现，破坏画面的和谐性。第三，用户乐于阅读，乐于分享，乐于参与其中，是每个用户都可能成为扩散点的互动分享式的传播，而不是单纯的“到我为止”的广告传播。

跳出率（bounce rate）

跳出率是指在只访问了入口页面（例如网站首页）就离开的访问量与所产生总访问量的百分比。跳出率计算公式：

跳出率 = 访问一个页面后离开网站的次数 / 总访问次数

3B 原则

由广告大师大卫·奥格威从创意入手提出的，3B 即 beauty（美女）、beast（动物）、baby（婴儿），通称 3B 原则 。以此为表现手段的广告符合人类关注自身生命的天性，最容易赢得消费者的注意和喜欢。

4P 营销理论

4P 营销理论被归结为 4 个基本策略的组合，即产品（product）、价格（price）、渠道（place）和宣传（promotion）。

第四章

AARRR 模型

AARRR 是 acquisition（获取用户）、activation（提高活跃度）、retention（提高留存率）、revenue（获取收入）、refer（自传播），这 5 个英文单词的首字母缩写，分别对应用户生命周期中的 5 个重要环节。

增强现实技术（Augmented Reality，AR）

是一种实时地计算摄影机影像的位置及角度并加上相应图像的技术，这种技术的目标是在屏幕上把虚拟世界套在现实世界并进行互动。这种技术最早于 1990 年提出。随着随身电子产品运算能力的提升，增强现实的用途越来越广。

第五章

用进废退（use and disuse theory）

用进废退进化论，最早是由法国生物学家拉马克提出的，是指生物体器官经常使用就会变得发达，不经常使用就会逐渐退化。本书用来比喻用户和产品关系。

PBL 理论

宾夕法尼亚大学副教授凯文·韦巴赫和丹·亨特教授在《游戏化思维》一书中提出此理论。PBL 理论包含点数、徽章和排行榜三点，是游戏化系统设计的三大标准特征。

第六章

用户原创内容（User Generated Content，UGC）

随着互联网运用的发展，网络用户的交互作用得以体现，用户既是网络内容的浏览者，也是网络内容的创造者。即用户将自己的原创内容通过互联网平台进行展示或者提供给其他用户。UGC 是伴随着以提倡个性化为主要特点的 Web2.0 概念兴起的。

第八章

精准广告

在移动互联网领域，精准广告也叫精准推送，是指广告主按照广告接受对象的需求，精准、及时、有效地将广告呈现在广告对象面前，以获得预期转化效果，其特点是精准而高效。

关键绩效指标（Key Performance Indicator，KPI）

是通过对组织内部流程的输入端、输出端的关键参数进行设置、取样、计算、分析，是衡量流程绩效的一种目标式量化管理指标，是把企业的战略目标分解为可操作的工作目标的工具，是企业绩效管理的基础。

程序化购买（Programmatic Buying）

程序化购买就是基于自动化系统（技术）和数据来进行的广告投放。它与常规的人工购买相比，可以极大地改善广告购买的效率、规模和投放策略。在本质上，程序化购买旨在使媒体购买更简单、更高效，最重要的是提供高度定制化的广告。它旨在通过利用客户的数据和洞察，在合适的时间、合适的环境中覆盖合适的用户来提高数字广告的投放效率。

实时竞价（Real Time Bidding，RTB）

是一种按效果付费的网络推广方式，用少量的投入就可以给企业带来大量潜在客户，有效提升企业销售额和品牌知名度。基本特点是按点击付费，推广信息出现在搜索结果中（一般是靠前的位置），如果没有被用户点击，则不收取推广费。企业可以灵活控制网络推广投入，获得最大回报。

CPA（Cost Per Action）

即以每一个有效行为（比如下载、注册）计费。

第一方数据

第一方数据是指企业自建的完全属于自己的私有平台，收集整合的数据包括官网数据、电商数据、广告数据、CRM 数据等，就像一座座封闭的数据孤岛，企业在私有数据里实现简单的存储、分析和再利用，信息安全可以得到足够的保障。

第三方数据

拥有海量用户数据的数据管理平台，如 BAT、今日头条、爱奇艺魔术师等。此类平台的明显特征为：因为自身属性（通常为平台）积累了海量的注册用户，根据用户在此类平台上的交互、消费、行为等相关路径，用户数据被平台整合管理可进行数据化运营。

第九章

应用商店优化（App Search Optimization，ASO）

简单来说就是利用 App Store 的搜索规则和排名规则让 App 更

容易被用户搜索或看到。通常情况下，ASO 就是 App Store 中的关键词优化排名，就是提升 App 在各类 App 应用商店、市场排行榜和搜索结果排名的过程。

TDK 优化

在 SEO 术语中，TDK 是 title（页面的标题）、description（页面的描述文字）、keywords（页面关键词）的首字母缩写，意思是在 SEO 网站优化中的网页页面描述与关键词的设置。

直通车

是由阿里巴巴旗下雅虎中国和淘宝网进行资源整合，推出的一种全新的搜索竞价模式。直通车是为专职淘宝和天猫卖家量身定制的，按点击付费的效果营销工具，为卖家实现宝贝的精准推广。直通车的竞价结果不只可以在雅虎搜索引擎上显示，还可以在淘宝网（以全新的图片 + 文字的形式显示）上充分展示。

钻石展位

钻石展位（简称“钻展”）是淘宝网图片类广告位竞价投放平台，是为淘宝卖家提供的一种营销工具。钻石展位依靠图片创意吸引买家点击，获取巨大流量。钻石展位是按照流量竞价售卖的广告位。计费单位为 CPM，按照出价从高到低进行展现。卖家可以根据群体（地域和人群）、访客和兴趣点三个维度设置定向展现。

淘宝客

简单来说，淘宝客就是帮助卖家推广商品并获取佣金的人。是一种按成交计费的推广模式，也指通过推广赚取收益的一类人。淘宝客只要从淘宝客推广专区获取商品代码，任何买家（包括你自己）经过你的推广（链接、个人网站、博客或者社区发的帖子）进入淘宝卖家店铺完成购买后，就可得到由卖家支付的佣金。

第十一章

虚拟现实技术（Virtual Reality，VR）

是一种可以创建和体验虚拟世界的计算机仿真系统，它利用计算机生成一种模拟环境，是一种多源信息融合的、交互式的三维动态视景和实体行为的系统仿真，使用户沉浸到该环境中。

第十二章

“组 CP”

CP 原为英语“Coupling”的缩写，指情侣档人物配对关系。一般是漫画同人拿来自配的情侣档，主要运用于二次元场景，近年来在三次元等其他场合也开始广泛使用。近年来在营销领域中，“组 CP”泛指两家企业或多家企业进行的跨界合作、品牌合作、协同营销等行为。

流量互洗

本书中所说的流量互洗意为品牌自身“粉丝”量或产品及接触点所带流量已经接近峰值，再难有较大突破，故可借助品牌间的一些合作活动形式，将双方自有流量整合流通，使双方在成本较低的情况下获得新的流量增长。

品牌联合（Co-Branding）

是一种常见的复合品牌策略，是两个公司的品牌同时出现在一个产品上，这是一种伴随着市场竞争而出现的新型品牌策略，体现了公司之间的相互合作。这种品牌策略在现在市场上很常见，既是市场竞争的必然结果，也是企业品牌相互扩张的结果。

跨界合作或跨界营销（Crossover）

Crossover 的原意是跨界合作，是指两个不同领域的合作。跨界营销是指让两个或多个品牌原本毫不相干的元素相互渗透、相互融合，使营销在更多原本不相关的渠道里资源共享，合力开拓 1+1>2 的市场，获得更多收益。

App push

通常是指运营人员通过自己的产品或者第三方工具对用户的移动设备进行主动的消息推送形式。用户可以在移动设备锁定屏幕和通知栏看到 push 消息通知，通知栏点击可唤起 App 并去往相应页面。简单来说，App push 就是 App 给用户发送的消息。

iBeacon

是苹果公司 2013 年 9 月发布的移动设备用 OS（iOS7）上配备的新功能。其工作方式是，配备有低功耗蓝牙（BLE）通信功能的设备使用 BLE 技术向周围发送自己特有的 ID，接收到该 ID 的应用软件会根据该 ID 采取一些行动。比如，在店铺里设置 iBeacon 通信模块，便可让 iPhone 和 iPad 上运行资讯告知服务器，或者由服务器向顾客发送折扣券及进店积分。此外，还可以在家电发生故障或停止工作时使用 iBeacon 向应用软件发送资讯。

后 记
Epilogue

“流量池思维”希望帮助更多中国企业和品牌，在移动互联网上有更快速度、更低成本、更高效的流量获取和增长突破。

正如我在书中所言，相比于传统营销手法，在理念上我会更追求品效合一和实际转化率，也会要求：

一切产品皆可裂变，

一切创意皆可分享，

一切效果皆可溯源。

流量来源主要有两种：一是企业自有流量，一是对外采购流量（无论是自媒体内容还是广告）。在我看来，今天的企业，如果不能自建和运营流量池，而仍然依赖外部流量采购和传统广告变现，将会陷入越来越艰难的市场竞争。

本书既结合了我自己多年的营销实践，也参考了近几年一些优秀的市场案例，尽可能全面完整地为读者提供一套系统方法论。

因此，本书不仅涉及传统的品牌定位、传统广告、事件营销，而且更多地探讨了结合移动技术兴起的裂变营销、社交媒体、数字广告投放和直播营销等。这种大而全的写作架构可能并不讨好，尤其是很多内容（比如品牌、符号、微信、电商）本身就是宏大命题，可独立成书。但我仍然希望用流量池思维进行贯穿，尽可能让读者点线分明，一览全貌。

本书基本涉及了目前企业市场部门的一线工作，既是一本理论案例书，某些部分也可作为工具书提供参考（如数字广告、落地页、裂变、BD 等内容）。另外，不是每一章都能阐述详尽，我也只是取用个人感受最深的实用观点，如有偏颇不全（比如植入营销、视频贴片广告、OTT 跨屏等本书都未提及），也请读者谅解。

在本书写作期间，我又参与到一个新品牌的前期创建，导致工作更加繁忙，因此写作断断续续，加上三次修改，耗时半年多才最终成书。在写作中，尤其有赖于两位辛勤的小伙伴全程支持，无论是采访、案例总结还是后续修订，他们的参与得以让此书尽快呈现。他们是刘博雅、叶飞。

同时，也要感谢本书全程统筹李南希。

还有王浩、申跃、邱亮、黄敏旭、闫洁、马修民等提供专业数据，在这里一并感谢。

书中还有很多纰漏之处，内心存有遗憾，期待以后有更多时间再做修订，也邀请读者来信（yangfei2018@qq.com）沟通指正，或关注我的订阅号（杨飞在想，yangfeizaixiang）。书中有一些案例图片也未联系上原作者，可请来信沟通相关事宜。